어휘력을 풍부하게 하는
좋은글
필사노트

어휘력을 풍부하게 하는

좋은글
필사노트

읽고, 메모하고,
느끼고, 실천하고,
함께하다

강민구 편저

읽고 쓰기만 해도 마음이 넉넉해지는 좋은글
자기 긍정으로 이끄는 힐링의 좋은글
희망과 꿈의 멘토, 필사를 위한 좋은글 모음

씽크북

머리말

우리 주위에는 수많은 글들이 있습니다. 그 많은 글 중에서 나의 마음을 이해하고 어루만져 줄 글들은 그리 많지가 않습니다.

이 책에 수록된 글들은 많은 작가의 글 중에서 우리의 마음에 좀 더 다가설 수 있는 글들을 선택하였습니다. 우리는 이러한 글들을 좋은 글이라고 합니다.

이전에 〈좋은글 대사전〉을 통해서 많은 독자와 함께하였습니다. 이 책에서 다시금 언급되는 글들은 그 글 중에서도 많은 분이 더 공감해 주신 글들입니다.

이러한 공감하는 좋은글을 눈으로 보고, 입으로 읽고 하는 것도 좋지만 직접 펜을 들고 한 자 한 자 써가면서 음미하고 긍정하고 희망을 느끼면 그러한 글들은 우리에게 내일의 멘토가 되고 실천의 밑거름이 될 것입니다.

또한 우리가 살아가는 데 꼭 필요한 말과 글의 능력은 얼마나 많은 어휘를 알고 있느냐의 문제입니다. 〈좋은글 필사노트〉는 그런 의미에서도 아름다운 표현의 어휘력, 다양한 표현의 어휘력을 갖춤으로써 자신의 식견과 표현력을 향상시킬 수 있다고 생각됩니다.

이제 여러분과 좋은글의 만남을 통해 내일의 희망과 긍정, 사랑을 느껴보겠습니다. 아름다운 글, 좋은 글을 아름답게 써보고, 한 자 한 자 느껴봄으로써 힐링의 시간을 가져보시기 바랍니다.

이러한 마음을 다른 사람과의 만남과 관계를 통해 비우고, 알맞게 채워 아름다운 세상살이를 해나갈 수 있습니다. 그런 면에서 이 책이 독자분들과 의미 있는 만남이 되었으면 합니다. 또한 미소 짓는 관계가 되었으면 합니다.

차례

1장 · 만족

그래 그렇게 사는 거야	… 14
인생의 목적은 승리가 아닌 성숙	… 16
적당히 채워야 한다	… 18
당신은 지금, 어디쯤 서 있는가?	… 20
고통은 기쁨의 한부분	… 22
나를 위로 하는 날	… 24
마음이 따뜻한 차	… 26
채워둘 수 있는 고운마음	… 28
필요한 자리에 있어주는 사람	… 30
마음이 맑은 사람	… 32
이런 사람에겐	… 34
…보려거든	… 36
이익을 분에 넘치게 바라지 마라	… 38
채워짐이 부족한 마음들	… 40
한 세상 살다 가는 것을	… 42
가장 하기 쉽고, 듣기 좋은 말	… 44
웃음은 좋은 화장이다	… 46
마음으로 지은 집	… 48
당신이 좋습니다	… 50
당신을 그립니다	… 52
여유	… 54
감사할 뿐입니다	… 56

2장 · 인생

마음의 문을 닫고	… 60
다가온 인연은 소중하게	… 62
스스로 이겨가는 삶	… 64
마음은 누구나 고독한 존재	… 66
기억 속에 넣고 싶은 사람	… 68
인연 따라 가는 인생	… 70
삶이란 그런 것이다	… 72
인생은 흘린 눈물의 깊이만큼 아름답다	… 74
내 나이를 이해할 수 있다면	… 76
용서해서 안 되는 것	… 78
인생의 기차여행	… 80
빌려 쓰는 인생	… 82
맺어진 소중한 인연이기에	… 84
작은 베풂이 큰 기쁨으로	… 86
마지막 모습이 아름다운 사람이 되고 싶다	… 88
얼굴이라는 말	… 90
왜 사느냐고 물으면	… 92
눈물 없는 인생을 보았는가?	… 94
아름답다는 말	… 96
감정다스리기	… 98
인생에도 색깔이 있다	… 100
당신보다 더 소중한 친구는 없습니다	… 102
인생은 운명이 아니라 선택이다	… 104
이런 게 인연이지 싶습니다	… 106

3장 · 지혜

더불어 함께 하는 따뜻한 마음	··· 110
마음을 열어주는 따뜻한 편지	··· 112
삶의 여백이 필요한 이유	··· 114
나이만큼 그리움이 온다	··· 116
한 글자만 바뀌면	··· 118
가장 아름다운 멋	··· 120
말씨는 곧 말의 씨앗인 것	··· 122
내 생각과 같은 사람은 없습니다	··· 124
고운미소와 아름다운 말 한마디	··· 126
나그네이며 지나가는 행인	··· 128
설탕같은 사람 소금 같은 사람	··· 130
끝없이 기쁜 사람이 되자	··· 132
깨달아라, 자유롭게 살아라	··· 134
그렇게 사는 겁니다	··· 136
3초만 생각해보세요	··· 138
마음이 힘들어질 때	··· 140
얼굴의 뿌리, 웃음의 뿌리는 마음	··· 142
얼굴 없는 만남	··· 144
비워야 채워지는 삶	··· 146
진정한 지혜	··· 148
가장 아름다운 시간	··· 150
그대의 앎을 포기하라	··· 152
미워하지 말고 잊어버려라	··· 154
아름다운 삶	··· 156

4장 · 행복

길이 멀어도 찾아갈 벗이 있다면	⋯ 160
웃는 연습을 하라 인생이 바뀐다	⋯ 162
당신 옆에 이런 사람이 있습니까?	⋯ 164
그리운 사람이 있다는 것은	⋯ 166
그리움의 갈대	⋯ 168
행복에 이르는 두 가지 방법	⋯ 170
채우는 행복, 비우는 행복	⋯ 172
마음의 힘	⋯ 174
나의 삶은 바로 여기	⋯ 176
행복을 주는 사람	⋯ 178
내게 이런 삶을 살게 하여 주소서	⋯ 180
나를 행복하게 해주는 생각들	⋯ 182
생각할 것, 생각하지 말 것	⋯ 184
아름다운 미소는	⋯ 186
서로를 행복하게 해주는 말	⋯ 188
나 그대에게 작은 행복을 드립니다.	⋯ 190
마음으로 드릴게요	⋯ 192
지금 손에 쥐고 있는 시간이 인생이다	⋯ 194
내 마음의 주인은 바로 나	⋯ 196
마음의 전화 한통 기다려져요	⋯ 198
마음이 깨끗해지는 방법 하나	⋯ 200
당신을 기다립니다	⋯ 202
당신을 만난 후	⋯ 204
살아 있기에 누릴 수 있는 행복	⋯ 206

5장 · 희망

남을 기쁘게 해주는 삶	⋯ 210
모든 일이 잘 풀릴 것입니다	⋯ 212
꿈꾸는 삶	⋯ 214
같이 있고 싶은 사람	⋯ 215
좋은 말을 하면 할수록	⋯ 218
후회 없는 삶을 살기 바라면서	⋯ 220
마음을 돌아보게 하는 글	⋯ 222
당신이 힘들고 어려우면 하늘을 보세요	⋯ 224
당신은 기분 좋은 사람	⋯ 226
좋은 것을 품고 살면	⋯ 228
꾸미지 않아도 아름다운 마음	⋯ 230
날마다 이런 오늘 되세요	⋯ 232
밝은 미소를 잃지 마세요	⋯ 234
오늘을 사랑하라	⋯ 236
따뜻한 마음	⋯ 238
말의 씨앗	⋯ 240

6장 · 사랑

맑은 물처럼 맑은 마음으로	··· 244
내가 먼저 마음을 열면	··· 246
우리가 불행한 것은	··· 248
행여 힘든 날이 오면	··· 250
미움을 지우개로 지우며	··· 252
사랑도 행복도 습관입니다	··· 254
사랑은 아주 작은 관심	··· 256
욕심 하나 버리면 보이는 사랑	··· 258
사랑보다 더 아름다운 사랑	··· 260
그것이 우리의 아름다움입니다	··· 262
어머니의 손	··· 264
사랑이 무엇이기에	··· 266
미워하지 말고 잊어버려라	··· 268
용서는 사랑의 완성입니다	··· 270

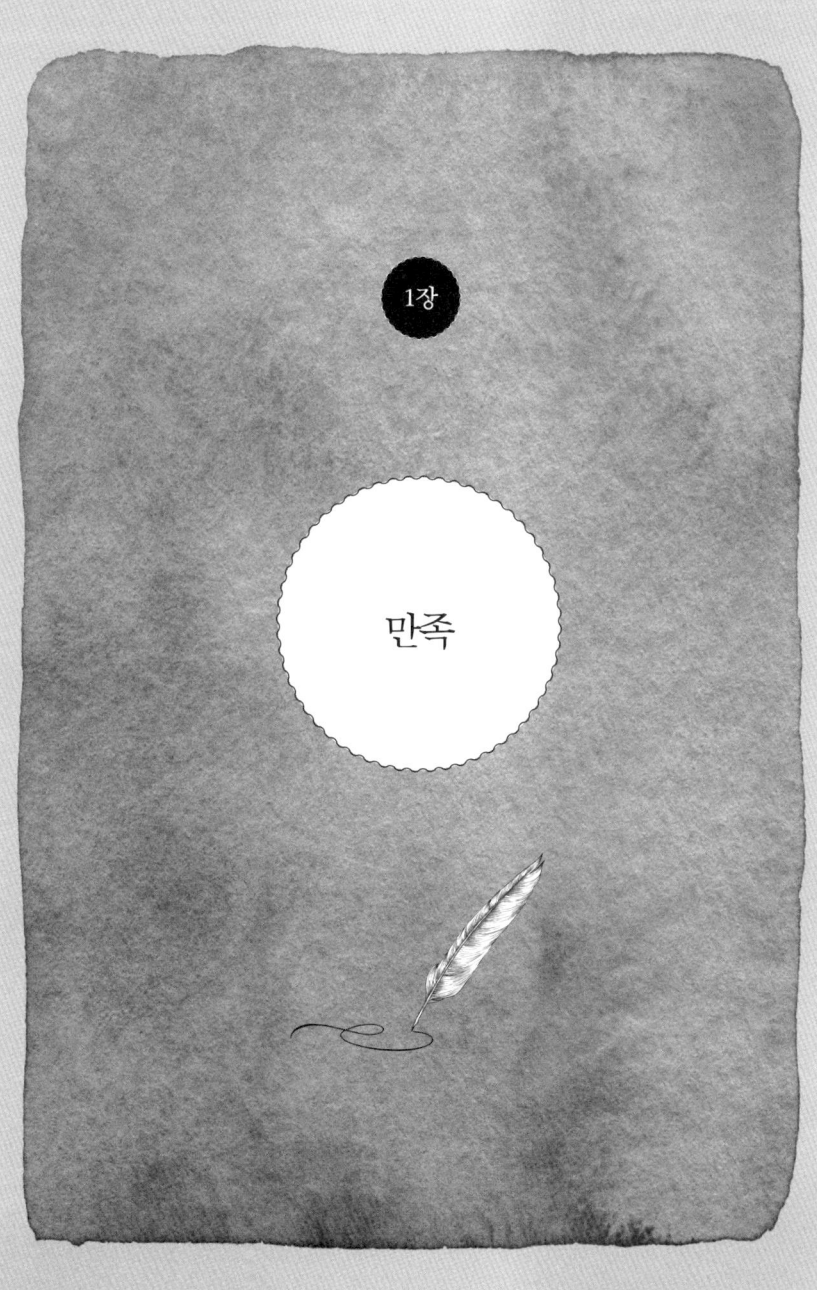

그래 그렇게 사는 거야

나 혼자 버거워 껴안을 수조차 없는 삶이라면 적당히 부대끼며 말없이 사는 거야.
그냥 그렇게 흘러가듯이 사는 게야 인생이 특별히 다르다고 생각하지 말자.

어제도, 오늘도, 내일도, 모두가 똑같다면 어떻게 살겠어.
뭔지 모르게 조금은 다를 거라고 생각하면서 사는 게지.

단지 막연한 기대감을 가지고 사는 게 또 우리네 인생이지.
숨 가쁘게 오르막 길 오르다 보면 내리막길도 나오고, 어제 죽을 듯이 힘들어 아팠다가도 오늘은 그런대로 살만해.

어제의 일은 잊어버리며 사는 게 우리네 인생이 아니겠어.
더불어 사는 게 인생이지 나 혼자 동 떨어져 살 수 만은 없는 거잖아.

누군가 나의 위로가 필요하다면 마음으로 그의 어깨가 되어줄 수도 있는 거잖아.

그래 그렇게 사는 거야, 누군가의 위로를 받고 싶어지면 마음속에 가두어둔 말 거짓 없이 친구에게 말하면서 함께 살아가는 거야.

그래 그렇게 살아가는 거야.

_좋은글

인생의 목적은 승리가 아닌 성숙

우리는 살아가면서 수많은 일들을 겪습니다.
마치 날씨가 청명하고 바람 불고 비오고 눈 오듯이 우리의 인생에 있어 어찌 평탄하고 좋은 날만 있겠습니까.
그러나 그 흐린 날도 다 우리의 인생의 한 자락입니다.
흐리면 흐린 대로 맑으면 맑은 그 아름다움에 감사하면서 때론 길을 잃고 헤맬지라도 포기하지 않고, 목적지를 잊지 않고 지나온 길을 더듬어 가다보면, 잃어버린 그 길을 다시 발견하는 기쁨도 맛볼 수 있습니다.
완벽하고자 하는 사람일수록 자신의 실수나 잘못에 대해 비판적이며 지나치게 자책하고 괴로워합니다.
그러므로 사람도 역경에 단련되지 않고서는 진정한 행복과 인생에 대해 폭넓은 이해를 가질 수 없지 않을까요?
시련과 고통은 우리를 단련시키고 더 깊이 보고 더 넓게 보는 혜안을 길러주기 때문이며, 인생을 한걸음 물러서서 관조할 마음의 여유를 갖게 될 것이기 때문입니다.
그러므로 안 좋은 일에 집착하여 우울함 속에 있지 말고, 밝고 긍정적인 사고로 인간의 나약함을 인정할 때 우리는 자책으로부터 벗어날 수 있을 것입니다.
인생의 목적은 승리하는데 있지 않고, 성숙해지고 함께 나누는 것에 있기 때문입니다.

_좋은글

적당히 채워야 한다

생각이든, 재물이든, 물이든
적당히 채워야 합니다.

지나치면 모자람만도 못하다는
옛말을 타산지석으로 삼아야 합니다.

적당한 만족을 모르는 데서 생겨나는
불행함을 볼 수 있습니다.

우리는 하루 2~3끼의 식사로
몸을 돌보지만 하루 한 끼라도
마음의 양식을 생각하지 않습니다.

결과적으로 풍요속의 빈곤에
허덕이는 정신세계의 문제를 봅니다.

행복지수는 결코 몸의 건강과 물질에
해당되는 것이 아니라는 명제를
다시금 일깨워야 하겠습니다.

_지산 이민홍

당신은 지금, 어디쯤 서 있는가?

나를 알기도 전에 세상을 먼저 알아야 했던가.
무엇이 진실이고 무엇이 거짓인지 때로 세상은 내게 엉터리였다.

누구나 한 번쯤 자신을 속여보지 않은 사람 있더냐고 번번이 세상은 내게 비굴을 요구했다.

삶의 집을 짓기 위해서 억척스럽게 하루를 살아내도 많은 것이 부족했고, 그래서 많은 것이 필요하다고 여겼지만 그 또한 허락되지 않는 몫이었을까.

새는 날개를 접으며, 휘파람소리를 내며 울고 있었는데, 그것은 더 이상 자신을 속여 가며 얻고 싶지 않았던 가치 앞에 내 자존을 지키기 위한 뜨거운 몸부림이었으리라.

묻지를 마라.
내게도 낭만은 있다.
못 잊어 슬픈 연인도 있다.

끈적이며 돋아난 진액의 덩어리는 너를 다 갖지 못해 굳어버린 아픔의 흔적이다.

_좋은글

고통은 기쁨의 한부분

금붕어는 어항 안에서는
3천 개 정도의 알을 낳지만
자연 상태에서는 1만 개 정도 낳습니다.
열대어는 어항 속에서
자기들끼리 두면 비실비실 죽어버리지만
천적과 같이 두면 힘차게 잘 살아 갑니다.

호도와 밤은 서로 부딪혀야
풍성한 열매를 맺고
보리는 겨울을 지나지 않으면
잎만 무성할 뿐 알곡이 들어차지 않습니다.

태풍이 지나가야
바다에 영양분이 풍부하고
천둥이 치고 비가 쏟아져야 대기가 깨끗해집니다.
평탄하고 기름진 땅보다
절벽이나 척박한 땅에서 피어난 꽃이 더 향기롭고
늘 따뜻한 곳에서 자란 나무보다
모진 추위를 견딘 나무가 더 푸릅니다.

고통은 기쁨의 한 부분입니다.

_지식in

나를 위로 하는 날

가끔은 아주 가끔은
내가 나를 위로할 필요가 있네.
큰일 아닌 데도 세상이
끝난 것 같은 죽음을 맛볼 때
남에겐 채 드러나지 않은 나의 허물과
약점들이 나를 잠 못 들게 하고
누구에게도 얼굴을 보이고 싶지 않은
부끄러움에 문 닫고 숨고 싶을 때
괜찮아 괜찮아, 힘을 내라고
이제부터 잘 하면 되잖아.

조금은 계면쩍지만 내가 나를 위로하며
조용히 거울 앞에 설 때가 있네.
내가 나에게 조금 더 따뜻하고 너그러워지는
동그란 마음, 활짝 웃어주는 마음,
남에게 주기 전에 내가 나에게
먼저 주는 위로의 선물이라네.

_좋은글

마음이 따뜻한 차

마음이 따뜻해지는 방법을 묻자
한 아이가
따뜻한 차를 마시면 된다고 했답니다.
그렇습니다.
따뜻한 차를 마시면
분명히 마음이 따뜻해집니다.

아름다운 꽃을 보면 마음이 아름다워지고
좋은 생각을 하면 마음이 좋아집니다.

새소리를 들으면 마음이 즐거워지고
물소리를 들으면 마음이 맑아집니다.

봄을 상상하면 얼었던 마음이 녹아내리고
여름을 기다리면 마음이 뜨거워집니다.

우리가 따뜻한 차를 마시고
꽃을 보고
여행을 하는 까닭이 여기 있습니다.
마음을 아름답고
따뜻하게 하기 위하여…….

_좋은생각

채워둘 수 있는 고운마음

채워짐이 부족한 마음들, 완벽 하고픈 생각의 욕심들,
많은 사람들의 마음은 채워도 채워도 채워지지 않고 부족하다고 생각합니다.

나 자신만은 완벽한 것처럼 말들을 하고 행동들을 합니다.
자신들만은 잘못된 것은 전혀 없고 남들의 잘못만 드러내고 싶어 합니다.

남들의 잘못된 일에는 험담을 일삼고 자신의 잘못은 숨기려 합니다.
그러면서 남의 아픔을 즐거워하며, 나의 아픔은 알아주는 이가 없어 서글퍼 하기도 합니다.

남의 잘못을 들추어내며, 허물을 탓하고 험담을 입에 담는다면 남들도 돌아서면 자신의 허물과 험담이 더욱 부풀려져 입에 오른다는 것을 잊지 말아야 겠습니다.

조금은 부족한 듯이 마음을 비우고, 조금만 덜 채워지는 넉넉한 마음으로 조금 물러서는 그런 여유로움으로 조금 무거운 입의 흐름으로 간직할 수 있는 넓은 마음의 부드러움을 느끼며 살아갈 수가 있었으면 좋겠습니다.

_좋은글

필요한 자리에 있어주는 사람

필요한 사람이 필요한 자리에 있어주는 것만큼 큰 행복도 없을 거란 생각이 드네요.
보고 싶을 땐 보고 싶은 자리에, 힘이 들 땐 등 토닥여 위로해주는 자리에, 혼자라는 생각이 드는 날엔 손잡아 함께 라고 말해주는 자리에,

그렇게 필요한 날, 필요한 자리에, 그 자리에 있어줄 사람이 있다는 거 너무도 행복한 일이겠죠.
문득 그런 생각이 드네요.
누군가가 필요한 순간이 참 많구나 하구요.
무엇을 해주고 안 해주고가 아니라 행복은 내가 필요한 자리에 누군가가 있어주는 것이란 생각.

사소한 일로 다툰 적 있나요?
그래서 속상해 해본 적 있나요?
그럴 땐 마음에 속삭여 주세요.
곁에 있어주는 것만으로도 참 감사한 일이라고.

세상엔 필요한데 너무도 필요한데, 함께 해줄 수 없는 이름의 인연이 말 못해 그렇지
너무도 많으니까요.
누군가가 곁에 있어 힘이 돼주면 좋겠습니다.

_좋은글

마음이 맑은 사람

마음이 맑은 사람은 아무리 강한 자에게도 흔들리지 않고 마음이 어두운 사람은 약한 자에게도 쉽게 휘말리기 마련입니다.
당신이 후자이거든 차라리 아무 것도 보이지 않는 까만 마음이 되십시오.

까만 조가비가 수많은 세월 동안 파도에 씻기어 하얀 조가비가 되는 것처럼 자꾸만 다듬어 맑음을 이루십시오.

맑음이 되려면 먼저 최초의 자신을 잃지 말아야 합니다.
가치관이 분명하고 그에 따르는 품행이 명백한 사람은 어느 경우든 자신을 되찾기 마련입니다.
언제 어디서나 자기를 잃지 않는 사람, 그리하여 언제 어디서나 의젓한 사람, 얼마나 아름다운지요.

바닷가의 수많은 모래알 중에서도 그저 뒹굴며 씻기며 고요하게 나를 지켜낸 조가비처럼 바로 내 안의 주인이 되는 것입니다.

주인이 되거든 옛날을 생각하지 마십시오.
주인이 되어 옛날을 생각하면 미움이 생깁니다.

미움은 언뜻 생각하면 미움을 받는 자가 불행한 듯하지만 실상은 미워하는 자가 참으로 불행한 자이기 때문입니다.

_좋은글

이런 사람에겐

게으른 사람에겐 돈이 따르지 않고
변명하는 사람에겐 발전이 따르지 않습니다.

거짓말 하는 사람에겐 희망이 따르지 않고
간사한 사람에겐 친구가 따르지 않습니다.

자기만 생각하는 사람에겐 사랑이 따르지 않고
비교하는 사람에겐 만족이 따르지 않습니다.

고로 사람이란 부지런해야 하며,
진실되어야 하며, 서로를 존중하며,
남과 비교하지 말며,
사랑으로 감싸 주어야 합니다.

_좋은글

...보려거든

꽃을 보려거든
먼저 흙과 뿌리를 살피세요.

내 얼굴을 보려거든
먼저 거울을 닦아 주세요.

내 마음을 보려거든
먼저 마음을 놓으세요.

그 사람을 보려거든
먼저 내 자신을 살피세요.

현실을 긍정하고,
사람을 긍정하고,
작은 것부터 천천히 살피세요.

빗방울이 모여 실개천을 이루고
강물이 흘러 바다를 이룹니다.

_지산 이민홍

이익을 분에 넘치게 바라지 마라

이익이 분에 넘치면 어리석은 마음이 생기나니
적은 이익으로서 부자가 되세요.

좀 더 가지려는 마음이 언제나 화를 부릅니다.
남보다 잘 살고 싶은 생각에 어리석음을 범하게 되지요.
좀 더 많은 이익, 좀 더 낳은 자리를 차지하기 위해
상대를 헐뜯고 상처내야 하는 것은 자명한 일.

그러나 그렇게 해서 이익이 많으면 행복할까요?
진정한 행복이란 남의 불행의 대가로 얻는 것이 아니라
작고 사소한 것에서 생기는 것이랍니다.

누구나 자기 그릇대로 산다고 합니다.
노력한 만큼 대가가 없을 경우 우리는 좌절하지요.
마음이 아픕니다.
비록 작은 이익이지만 감사하는 마음이 들 때
우리는 돈하고 비길 수 없는 기쁨을 맛보는 것입니다.

항상 분에 넘치지 않는 생활과 이익으로서
겸허하게 생활하는 자세를 배우기 바라며
항상 뜻하는바 이루소서.

_좋은글

채워짐이 부족한 마음들

채워짐이 부족한 마음들,
완벽 하고픈 생각의 욕심들,
많은 사람들의 마음은 채워도 채워도
채워지지 않고 부족하다고 생각합니다.

나 자신만은 완벽한 것처럼 말들을 하고 행동을 합니다.
자신들만은 잘못된 것은 전혀 없고 남들의 잘못만 드러내고 싶어 합니다
남들의 잘못된 일에는 험담을 일삼고 자신의 잘못은 숨기려 합니다.
그러면서 남의 아픔을 즐거워하며, 나의 아픔은 알아주는 이가 없어 서글퍼 하기도 합니다.

남의 잘못을 들추어내며, 허물을 탓하고 험담을 입에 담는다면
남들도 돌아서면 자신의 허물과 험담이 더욱 부풀려져 입에 오른다는 것을 잊지 말아야 겠습니다.

조금 부족한 듯이 마음을 비우고, 조금 덜 채워지는 넉넉한 마음으로,
조금 물러서는 여유로움으로, 조금 무거운 입의 흐름으로,
간직할 수 있는 넓은 마음의 부드러움을 느끼며 살아갈 수 있었으면 좋겠습니다.

_좋은글

한 세상 살다 가는 것을

누구나 다 마찬가지겠지만 가끔 이런 생각을 해본다.
나의 삶이 맑고 투명한 수채화였으면 좋겠다는.

내가 그려온 삶의 작은 조각보들이 수채화처럼 맑아 보이지 않을 때
심한 상실감, 무력감에 빠져들게 되고 가던 길에서 방황하게 된다.

삶이란
그림을 그릴 때 투명하고 맑은 수채화가 아닌 탁하고 아름답지 않은 그런 그림을 그리고 싶은 사람이 어디 있으랴만은 수채화를 그리다가 그 그림이 조금은 둔탁한 유화가 된다면 또 어떠하랴.

그것이 우리의 삶인 것을,
부인할 수 없는 우리 삶의 모습인 것을,
때로는 수채화처럼 그것이 여의치 않아
때로는 유화처럼 군데군데 덧칠해 가며
살아간들 또 어떠하랴.

누구나 다 그렇게 한 세상 살다 가는 것을.
맑은 영혼 하나만 가져가게 되는 것을.

_좋은글

가장 하기 쉽고, 듣기 좋은 말

"잘 지냈는가?"
물어오는 당신의 안부전화는 하루 종일 분주했던 내 마음에 커다란 기쁨 주머니를 달아주는 말입니다.

"고맙소."
가만히 어깨 감싸며 던진 말 한마디는 가슴 저 깊이 가라앉는 설움까지도 말갛게 씻어주는 샘물과 같은 말입니다.

"수고했어."
엉덩이 툭툭치며 격려해주는 당신의 위로 한마디는 그냥 좋아서 혼자 걸레질 하고난 신나는 말입니다.

"최고야."
눈 찔끔 감고 내민 주먹으로 말하는 그 말 한마디는 세상을 다 얻은 듯한 가슴 뿌듯한 말입니다.

"사랑해."
내 귓가에 속삭여주는 달콤한 사랑의 말 한마디는 고장난 내 수도꼭지에서 또 눈물을 새게 만드는 감미로운 음악과도 같은 말입니다.

_좋은글

웃음은 좋은 화장이다

이 땅에 존재하는 모든 만물 중에 사람만 웃고 살아갑니다.
웃음은 곧 행복을 표현하는 방법입니다. 요즘 사람들은 웃음이 부족하다고 합니다.
그러나 좀 더 넉넉한 마음을 가지고 힘차게 웃을 수 있다면 모든 일에도 능률이 오를 것입니다. 유쾌한 웃음은 어느 나라를 막론하고 건강과 행복의 상징이라고 합니다.

여섯 살 난 아이는 하루에 삼백 번 웃고 정상적인 성인은 하루에 겨우 열일곱 번 웃는다고 합니다. 바로 체면을 차리려고 하기 때문입니다.

유쾌한 웃음은 우리를 행복하게 만듭니다. 웃음은 좋은 화장입니다. 웃음보다 우리의 얼굴 모습을 밝게 해주는 화장품은 없습니다. 그리고 웃음은 생리적으로도 피를 잘 순화시켜주니 소화도 잘되고 혈액순환도 물론 잘됩니다.

우리의 삶은 짧고도 짧습니다. 웃을 수 있는 여유가 있는 사람이 행복한 사람입니다.
남에게 웃음을 주는 사람은 자신은 물론 남도 행복하게 해주는 사람입니다.

신나게 웃을 수 있는 일들이 많이 있으면 더욱 좋을 것입니다.
하지만 스스로 만들어가는 것이 중요합니다.

_좋은글

마음으로 지은 집

잘 지어진 집에 비나 바람이 새어들지 않듯이
웃는 얼굴과 고운 말씨로 벽을 만들고
성실과 노력으로 든든한 기둥을 삼고,

겸손과 인내로 따뜻한 바닥을 삼고,
베풂과 나눔으로 창문을 널찍하게 내고,

지혜와 사랑으로
마음의 지붕을 잘 이은 사람은
어떤 번뇌나 어려움도
그 마음에 머무르지 못할 것입니다.

한정되고 유한한 공간에 집을 크게 짓고
어리석은 부자로 살기보다
무한정의 공간에 영원한 마음의 집을
튼튼히 지을 줄 아는 사람은
진정 행복한 사람일 것입니다.

_좋은글

당신이 좋습니다

난 당신에게 아무것도 드린 것이 없는데
당신은 언제나 나에게 힘이 되어주시네요.

세상에 지쳐있을 때
당신은 햇살로 웃게 해주시고,
공허한 외로움에 방향을 잃고 있을 때
당신은 나지막한 섭리소리로 속삭여 주셨습니다.

당신의 목소리만 들어도,
당신의 그림자만 보여도,

생각과 신경이 온통 당신께로 향해 있는 지금
난, 당신께 달려가 안겨서 엉엉 울고만 싶습니다.

너무 좋은 당신을 위해
달리 표현할 방법이 없어서입니다.

난 당신이 좋습니다.

당신이 좋을 뿐 아니라
한 없이 소중한 나의 큰 보금자리입니다.

_좋은글

당신을 그립니다

오늘은 하루 종일 혼자이겠습니다.
혼자일 때 당신을 더 많이 생각할 수 있기 때문입니다.
오늘은 아예 작정하고
새벽부터 하루 온종일을 그리고자 합니다.

당신과 만남과 헤어짐의 쉼 없는 반복사이에
오히려 혼자일 때가 더 가슴이 뜁니다.
당신의 생각은 그 자체가 그리움과 함께 기쁨이네요.

지난날 당신과 헤어져 눈물 젖을 때 내 모습이 그리워지고
당신을 다시 만나려 설레이며 단장하던 시간들이 보배롭습니다.
사람들은 이별보다 더 가슴 졸이는 것이
기다림이라 하지만 넓고 넓은 당신 안에는
이별과 기다림이 하나이시다니.

짧은 생각의 이내 몸은
어렴풋 깨달음으로 당신의 품에 안깁니다.
아무리 알려 해도 다 헤아릴 수 없이
넓기만 한 당신의 마음,
그 마음으로 인해
나는 오늘도 당신을 그립니다.

_좋은글

여유

　살아온 날보다 살아가야 할 날이 더 많기에 지금 잠시 초라해져 있는 나를 발견하더라도 난 슬프지 않습니다.

　지나가 버린 어제와 지나가 버린 오늘, 그리고 다가올 내일, 어제 같은 내일이 아니길 바라며, 오늘 같은 내일이 아니길 바라며, 넉넉한 마음으로 커피 한잔과 더불어 나눌 수 있는 농담 한 마디의 여유로움이 있다면 초라해진 나를 발견하더라도 슬프지 않을 것입니다.

　우리는 하루를 너무 빨리 살고, 너무 바쁘게 살고 있기에 그냥 마시는 커피에도 그윽한 향이 있음을 알 수 없고, 머리위에 있는 하늘이지만 빠져들어 흘릴 수 있는 눈물이 없습니다.
　세상은 아름다우며 우리는 언제나 사랑할 수 있는 마음을 갖고 있습니다.

　커피에서 나는 향기를 맡을 수 있고 하늘을 보며 눈이 시려 흘릴 눈물이 있기에 난 슬프지 않고 내일이 있기에 나는 오늘 여유롭고 또한 넉넉합니다.

　_좋은글

감사할 뿐입니다

어느 하나를 절실히 원하다 갖게 되면 얻은 것에 대한 감사하는 마음은 어느 듯 짧은 여운으로 자리잡습니다.
또 다른 하나를 원하며, 채워진 것 보다 더 많이 바라는 것이 사람의 마음입니다.
이렇듯 욕심은 끝없이 채워지지 않습니다.
갖고 있을 때는 소중한 것을 모르고, 잃고 나서야 비로소 그것이 얼마나 소중했는지를 깨닫게 됩니다.
현명한 사람은 갖고 있는 것에 대해 감사하는 마음을 잃지 않으려 노력합니다.
갖고 있던 것을 잃은 뒤에 그것에 대한 소중함을 깨닫는 것은 이미 늦은 일이기 때문입니다.

욕심을 버리고 마음을 비우는 연습을 해야겠습니다.
그리고 아직 내게 주어진 시간들이 남아 있기에 그것 또한 감사할 뿐입니다.

오늘 하루도 선물입니다. 1분만 하늘을 보아 주세요.

_좋은글

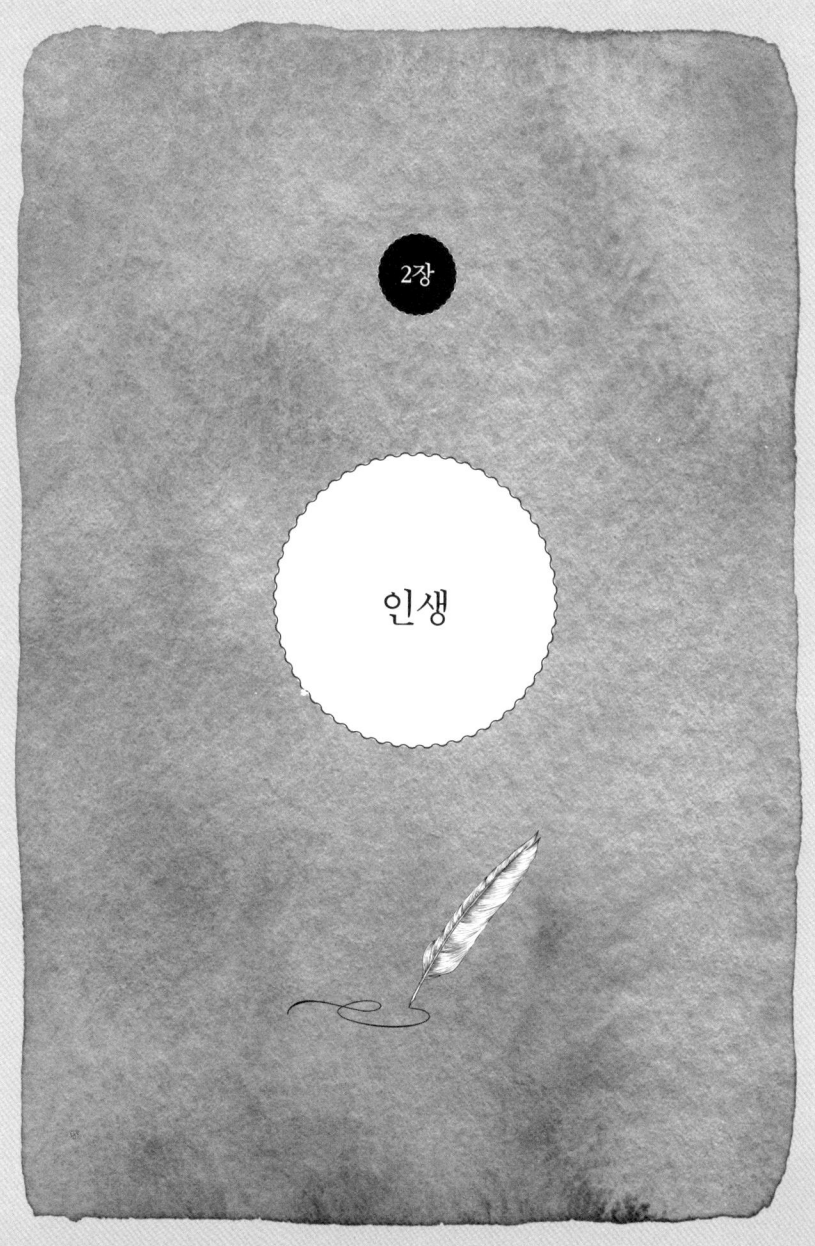

2장

인생

마음의 문을 닫고

혼자 있더라도 마음이 열려 있으면 하늘이 있고,
땅이 있고, 새가 있고, 나무가 있음을 느낍니다.

봄이 되면 봄을 즐기고, 여름이면 여름대로,
가을이면 가을대로, 겨울이면 겨울대로 계절을 만끽할 수 있어요.

찾아오는 손님이 있으면 함께 대화할 수 있어서 좋고,
그가 돌아가면 혼자서 고요히 명상할 수 있어서 좋지요.

이렇게 받아들이면 혼자 있어도
외롭지 않고 더불어 있어도 귀찮지 않아요.
그런데 마음의 문을 닫고 있으면 혼자 있을 땐 외로워 못살고,
같이 있으면 귀찮아서 살 수가 없다고 합니다.

그러니 일가친척이 없기 때문에 외로운 게 아니라
마음의 문을 닫고 있기 때문에 외로운 것입니다.

_지산 이민홍

다가온 인연은 소중하게

　한 생애 사는 동안 우리는 우연이든 필연이든 많은 사람과 끊임없이 인연을 맺고 살아갑니다.

　비단 사람과 사람의 인연이 아니어도 기르는 애완동물이나 화초 등 동식물과의 인연 또한 예사롭지 않은 만남입니다.

　하물며 수 없이 많은 사람을 만나며 끊임없이 관계를 맺고 살아가는 사람과 사람의 인연이 어찌 소중하지 않을까요.
　누구를 만나느냐에 따라 한 사람의 인생이 영웅이 될 수도 있고 범죄자가 될 수도 있을 만큼 만남의 인연이 우리 삶에 끼치는 영향은 매우 크므로 다가온 인연은 소중하고 아름답게 가꾸어 갈 줄 알아야 합니다.

　스치고 지나가는 한 줄기 바람처럼 잠시 잠깐 머물다 헤어질 인연일지라도 결코 가볍게 여긴다거나 함부로 대할 수는 없습니다.

　다가오는 모든 인연들을 진실하게 대하고 소중히 여기며, 깊은 배려와 사랑으로 한 번 맺은 인연을 아름답게 가꾸는 노력을 게을리 해서는 안 됩니다.

　살아 숨 쉬는 날까지 끊임없이 인연을 맺고 살아가는 것이 우리의 삶이기에 내게 다가온 인연은 오래도록 소중하고 아름답게.

　_좋은글

스스로 이겨가는 삶

꽃의 향기는 십리를 가고
말의 향기는 백리를 가지만,
베풂의 향기는 천리를 가고
인품의 향기는 만리를 갑니다.
보통 사람들의 평범한 이야기지만,
편협한 논리로 정신적 피로와
사적인 채무까지 맡아 겪은 일이 있습니다.

무척 힘든 한 해였고,
지금 또한 조금도 편하지 않지만,
아직 면역력이 성장하고 있습니다.
동병상련이라는 일체감을 느끼는
주변인을 보면서 느끼는 감회가 새롭습니다.

어느 해인들 다사다난하지 않으리오만,
결국엔 스스로 이겨가는 삶이라고 생각합니다.
깨달은 바!
다들 그렇게 삽니다.
채워가는 기쁨의 삶과 비워내는 홀가분한 삶.
욕심의 자리에서 약간 물러선다면
그것이 인간이 간직한 최선의 미덕임을 알아 갑니다.

_지산 이민홍

마음은 누구나 고독한 존재

　사람은 누구를 막론하고 자기 자신 안에 하나의 세계를 가지고 있다.
　그것은 아득한 과거의 영원한 미래를 함께 지니고 있는 신비로운 세계다.

　홀로 있지 않더라도 사람은 누구나 그 마음의 밑바닥에서는 고독한 존재다.
　그 고독과 신비로운 세계가 하나가 되도록 거듭거듭 안으로 살피라.

　무엇이든지 많이 알려고 하지 말라.
　책에 너무 의존하지 말라.

　성인의 가르침이라 할지라도 종교적인 이론은 공허한 것이다.

　그것은 내게 있어서 진정한 앎이 될 수 없다.
　남한테서 빌린 것에 지나지 않는다.
　내가 겪은 것이 아니고, 내가 알아차린 것이 아니다.
　남이 겪어 말해 놓은 것을 내가 아는 체할 뿐이다.

　진정한 앎이란 내가 몸소 직접 체험한 것.
　이것만이 참으로 내 것이 될 수 있고 나를 형성한다.

　_법정

기억 속에 넣고 싶은 사람

사람은 누구나 자신의 가슴속에
넣고 싶은 사람이 있습니다.
잊혀질 수 없는 사람입니다.
자신에게 아무런 대가 없이
사랑해준 사람입니다.
자신에게 특별한 관심을 보여준 사람입니다.

가장 기억하고 싶지 않는 사람도 존재합니다.

자신에게 상처를 준 사람입니다.
자신에게 피해를 준 사람입니다.
자신에게 아픔을 준 사람입니다.
다른 사람들은 오늘도 당신을 기억합니다.
당신이 어떤 사람인지를
가슴에 새기고 싶은 사람인지
아니면 다시는 기억하고
싶지 않은 사람인지를……
잠시 스쳐 지나가는 사람이라고
함부로 말하지 마세요.
스치고 만나는 모든 사람에게
한결같이 대해주세요.

_좋은글

인연 따라 가는 인생

 너무 좋아할 것도 너무 싫어할 것도 없다.
 너무 좋아해도 괴롭고, 너무 미워해도 괴롭다.

 사실 우리가 알고 있고, 겪고 있는 모든 괴로움은 좋아하고 싫어하는 이 두 가지 분별에서 온다고 해도 과언이 아니다.
 늙는 괴로움도 젊음을 좋아하는 데서 오고, 병의 괴로움도 건강을 좋아하는 데서 오며, 죽음 또한 삶을 좋아함. 즉, 살고자 하는 집착에서 오고, 사랑의 아픔도 사람을 좋아하는 데서 오고, 가난의 괴로움도 부유함을 좋아하는 데서 오고, 이렇듯 모든 괴로움은 좋고 싫은 두 가지 분별로 인해 온다.
 좋고 싫은 것만 없다면 괴로울 것도 없고 마음은 고요한 평화에 이른다.
 그렇다고 사랑하지도 말고, 미워하지도 말고 그냥 돌처럼 무감각하게 살라는 말이 아니다.
 사랑하되 집착이 없어야 하고, 미워하더라도 거기에 오래 머물러서는 안 된다는 말이다.

 사랑이든 미움이든 마음이 그곳에 딱 머물러 집착하게 되면 그때부터 분별의 괴로움은 시작된다.
 사랑이 오면 사랑을 하고, 미움이오면 미워하되 머무는 바 없이 해야 한다.
 인연 따라 마음을 일으키고, 인연 따라 받아들여야 하겠지만, 집착만은 놓아야 한다.

 _좋은글

삶이란 그런 것이다

어제를 추억하고,
오늘을 후회하고,
내일을 희망한다.

수없이 반복되는 습관처럼 어제와 오늘을 그리고 내일을 그렇게 산다.

삶이 너무나 힘들어도 세월은 위로해주지 않는다.

버거운 짐을 내리지도 못하고 끝없이 지고가야 하는 데 어깨가 무너져 내린다.
한없이 삶에 속아 희망에 속아도 희망을 바라며 내일의 태양을 기다린다.
낭떠러지인가 싶으면 오를 곳을 찾아 헤메이고, 암흑인가 싶으면 빛을 찾아 한없이 뛰어야 한다.

죽음의 끝이 다가와도 애절하게 삶에 부질없는 연민을 갖는다.

산처럼 쌓아 둔 재물도 호사스런 명예도 모두 벗어 놓은 채.
언젠가 우리는 그렇게 그렇게 떠나야 한다.

삶이란 그런 것이다.
가질 수도 버릴 수도 없는.

_좋은글

인생은 흘린 눈물의 깊이만큼 아름답다

나는 눈물이 없는 사람을 좋아하지 않는다.
눈물이 없는 사람은 가슴이 없다.
바닥까지 추락해 본 사람은 눈물을 사랑한다.

바닥엔 가시가 깔렸어도
양탄자가 깔린 방처럼 아늑할 때가 있다.
이제는 더는 내려갈 수 없는 나락에 떨어지면
차라리 다시 일어서서 오를 수가 있어 좋다.

실패한 사랑 때문에,
실패한 사업 때문에,
실패한 시험 때문에,

인생의 밑바닥에 내려갔다고 그곳에 주저앉지 마라.
희망조차 보이지 않는다고 실망하지 마라.
무슨 일이든 맨 처음으로 돌아가
다시 시작하면 되는 것이다

사람은 자기가 흘린 눈물만큼 인생의 깊이를 안다.
눈물보다 아름다운 것은
다시 시작하는 용기와 희망이다.

_좋은글

내 나이를 이해할 수 있다면

하루에 한 번쯤은 하늘을 올려보고
저녁노을과 함께 마음의 여유를 가져보고
그렇게, 깨알같이 쌓이는 나날을 음미하면서
작은 일에 감동할 수 있는 순수함과
큰일에도 두려워하지 않아 담대할 수 있고,

솔직히 시인할 수 있는 용기와
남의 허물을 따뜻이 감싸줄 수 있는 포용력과
고난을 끈기 있게 참고 인내할 수 있기를.

무사안일에 빠지지 않고
보람과 즐거움으로 충만한 하루를 통해
지금, 내 나이를 이해할 수 있다면.

_지산 이민홍

용서해서 안 되는 것

용서해서 안 되는 것은 나 자신이다.
나를 용서한다는 것은 편의적인 나와의 타협이니까.
누구를 미워서 용서하지 못하겠다는 것은 그로 말미암아 좌지우지 당하는 자기를 용서하지 못하는 것이다.
그런데 자기 자신을 용서하지 말아야 되는 일이 있다.

1. 인생의 낭비
쓸데없이 시간과 에너지를 낭비한다든지,
자기 힘으로 되지 않는 것에 매어서 인생을 낭비한 것은 용서하면 안 되는 일이다.

2. 재미없게 사는 것
우리는 제사를 지낼 때 학생부군신위라고 쓰는 것은 공부를 마치지 못하고 죽기 때문이다.
그런데 학생이 학교 가는 것을 싫어하고, 입버릇처럼 죽어야지, 사는 맛이 없느니 하면서
의욕이 없고 우울해하면 안 된다.

3. 자신을 사랑하지 않는 것
누구보다도 소중한 것이 자기 자신인데 사랑하지 않고 팽개쳐 두는 것, 역시 용서하면 안 되는 일이다.

_지산 이민홍

인생의 기차여행

넓은 땅의 중국 기차도
언제나 들판만을 달릴 수는 없습니다.
언제나 곧게 뻗은 길만을 달릴 수도 없습니다.

더러는 산을 힘겹게 오르고
더러는 어두운 터널을 지나야 합니다.
그런 기차여행이
평지만을 달리는 것보다 재미있기도 합니다.

기찻길이 인생이고 기차가 우리의 삶이라면
산과 터널은 우리가 겪는 시련과 고통입니다.
기차여행에서 산과 터널이 있어야 재미있듯이
인생에서도 시련과 고통이 있어야 더 살맛이 납니다.

시련과 고통을 삶의 일부로 받아들이는 순간,
그것은 더 이상 시련이나 고통이 되지 않습니다.

_지식in

빌려 쓰는 인생

지금 내가 가지고 있는 모든 것들은 정말 내 것이 아닙니다.
살아있는 동안 잠시 빌려 쓸 뿐입니다. 죽을 때 가지고 가지 못합니다.

나라고 하는 이 몸도 내 몸이 아닙니다. 이승을 하직할 때는 버리고 떠난다는 사실은 우리 모두가 다 아는 사실입니다.
내 것이라고는 영혼과 업보뿐입니다. 영원히 가지고 가는 유일한 나의 재산입니다. 부귀와 권세와 명예도 잠시 빌린 것에 불과합니다.

빌려 쓰는 것이니 언젠가는 되돌려 주어야 합니다. 빌려 쓰는 것에 너무 집착하지 말아야겠습니다.
너무 가지려고도 하지 말아야겠습니다. 많이 가지려고 욕심 부리다 모두 잃을 수도 있습니다.

그대로 놓아두면 모두가 내 것입니다. 욕심을 버리고 베풀면 오히려 더 큰 것을 얻을 수 있습니다.
내 것이라고 집착하던 것들을 모두 놓아버립시다. 나 자신마저도 놓아버립시다.
모두 놓아버리고 나면 마음은 비워질 것입니다. 마음이 비워지고 나면 이 세상 모두가 나의 빈 마음속으로 들어올 것입니다. 그것들은 이제 모두 내 것입니다.

_좋은글

맺어진 소중한 인연이기에

사람과 사람이 서로 만나 인연을 맺는다는 것은 소중한 일입니다.

부모로서, 형제로서, 친구로서, 연인으로써 인연을 맺는다는 것은 눈먼 거북이 바다에서 나무토막을 만나는 것과 같이 어려운 일이라고 합니다.
그 소중하고 귀한 인연을 너무 등한히 하고 있지는 않았나 지금 우리는 어떠한 인연 속에 있는가 돌아보게 됩니다.
우리가 하루하루를 살아가면서 부딪치게 되는 사건들이나, 살아가면서 만나게 되는 사람들은 모두 과거에 맺어진 인연의 결과입니다.
내가 과거에 선한 인연을 지었으면 현재에 선연의 결과를 얻을 것이요.
내가 과거에 악한 인연을 지었으면 현재 악연의 결과를 받게 될 것이라고 합니다.
그리고 그 악연을 선연으로 풀어 주어야만 악연의 업이 풀린다고 합니다.
현재 나에게 주어진 그 어느 것도 원인이 없음이 없으며, 그 원인대로 결과가 만들어진다고 합니다. 이것은 과거에 자기와 어떤 형태든 인연이 맺어진 사람들이 자신의 주위에 있을 확률이 높기 때문입니다.

과거에 자기와 인연이 맺어진 사람들은 그 인연의 결과로 반드시 다시 만나게 되어 있으며, 그 인연의 골이 깊을수록 더욱 자기와 가까운 곳에 존재하기 때문이랍니다.
어차피 맺어진 우리 인연, 과거에도 인연이였고 지금도 인연이라면 우리는 필연이기에 그러기에 당신이 나에겐 소중합니다.

_좋은글

작은 베풂이 큰 기쁨으로

남의 좋은 점을 보는 것이 눈의 베풂이요.
환하게 미소 짓는 것이 얼굴의 베풂이요.

사랑스런 말소리가 입의 베풂이요.
자기를 낮추어 인사함이 몸의 베풂이요.

곱고 착한 마음 씀이 마음의 베풂이니, 베풀 것이 없어서 베풀지 못함이 아니라 베풀려는 마음이 고갈되어 있는 것임을 알라.

만약 너희에게 구걸하는 사람이 찾아오면, 그를 자신을 일깨우는 스승이라 생각하고, 그가 나의 보살행의 바탕이라 생각하고, 나의 가르침을 따라 베풀겠다는 생각을 하라.

재물을 베풀면서 아깝다는 마음이 없어야 탐욕심이 없어지고, 구걸하는 사람에게 자비심을 내야만 분노심이 엷어지고, 베풀면서 깨달음을 서원하였으니 어리석음이 엷어진다.

이리 좋은 말씀은 눈에 담기만 하시지 마시옵고, 마음에 담아 행하시게 하옵소서.

_좋은글

마지막 모습이 아름다운 사람이 되고 싶다

　마지막 모습이 아름다운 사람이 되고 싶다

　삶에서 만나지는 잠시 스쳐가는 인연일지라도 헤어지는 마지막 모습이 아름다운 사람이 되고 싶다.

　오늘이 마지막인 것처럼 다시는 뒤 돌아보지 않을 듯이 등 돌려 가지만 사람의 인연이란 언제 다시 어떠한 모습으로 만나질지 모른다.
　혹여 영영 만나지 못할지라도 좋은 기억만을 남게 하고 싶다.

　실낱같은 희망을 주는 사람이든, 설렘으로 가슴에 스며들었던 사람이든, 혹은 칼날에 베인 듯이 시린 상처만을 남게 했던 사람이든, 떠나가는 마지막 뒷모습은 아름다운 사람이 되고 싶다.

　살아가면서 만나지는 인연과 헤어짐은 이별, 그 하나만이라도 슬픔이기에 서로에게 아픈 말로 더 큰 상처를 주지 말자.

　삶은 강물처럼 고요히 흘러가며, 지금의 헤어짐의 아픔도 언젠가는 잊혀질 테고, 시간의 흐름 안에서 변해 가는 것이 진리일 테니, 누군가의 가슴 안에서 잊혀지는 그날까지 살아가며 문득문득 떠올려지며 기억될 때 작은 웃음을 줄 수 있는 아름다운 사람으로 남고 싶다.

　_좋은글

얼굴이라는 말

우리의 "얼굴" 중에서 "얼"이란 무얼까요?
사전에서 찾아보니 정신의 줏대를 말하고,
비슷한 우리말을 찾아보니 넋이라는 말입니다.
한자로 번역한다면 혼(魂)으로 해석됩니다마는.

그럼 굴은 무엇인가?
깊숙이 패여 통할 수 있는 길이니,
즉 얼굴은 넋이 수시로 다니는 길목입니다.

나이 40이면 얼굴에
책임질 줄 알아야 한다는 말,
생의 경험이 반환점에 이르느니
관대하게 상대를 배려해야 하기 때문에

70% 이상이 한자로 구성된 우리말 중
얼굴은 참 아름다운 우리말이니,
소중히 가꿔야겠다는 생각이 듭니다.

소싯적에 들은 "얼빠진 놈"이란 말!
이제 와서 귀를 울리는 이유가 뭘까요?

_지산 이민홍

왜 사느냐고 물으면

당(唐)대의 시선(詩仙) 이백의
"묻노니, 그대는 왜 푸른 산에 사는가
웃을 뿐, 대답은 않고 마음만 한가롭네."
라는 시 구절이 생각납니다.

어쩌면 우리의 인생,
삶의 전쟁터에서 이전투구처럼
위선이 가득 찬 가면무도회입니다.

이런 때일수록 마음에서 우러른 여유 있고
겸손이 묻어나는 따뜻한 미소를 띄워 주세요.

겸허의 그릇이 늘 비어 있어
다시 채울 준비가 되어 있는 것처럼
우리들의 마음도 자주 비우면서
온정이 철철 넘쳤으면 좋겠습니다.

왜 사느냐고 물으면,
그냥 온화한 미소로 대답하는
달관한 삶의 경지에 이르는
그런 날이 되시기를.

_지산 이민홍

눈물 없는 인생을 보았는가?

먼저 사랑에 실패를 했었고,
많은 시험에 실패를 했었고,
몸을 불사른 사업에 실패를 했었다.

저 유유히 흐르는 깊은 강물에
내 인생의 깊이만큼 눈물은 말없이 누워 있다.

인생의 바람이 심하게 부는 날은
강으로, 바다로, 산으로 가라. 혼자서 가라.
살면서 흘린 내 눈물의 가치를 물으라.

그 눈물이 용기와 희망을 닦아줄 터이니.

_좋은글

아름답다는 말

길을 가다 보면 기암괴석 위에
멋지게 앉아 있는 나무를 보게 된다.
내 정원에 옮겨 닮아지고 싶은 명품 소나무다.

바위 틈새를 갈라 뿌리 내리고
오로지 생존의 만고풍상을 이겨내는
극히 열악한 환경을 극복하는 당당한
저 모습을 우리는 "아름답다"라고 말한다.

_지산 이민홍

감정 다스리기

물위에 글을 쓸 수는 없다.
물속에서는 조각도 할 수 없다.
물의 본성은 흐르는 것이다.

우리의 성난 감정은 바로 이 물처럼 다루어야 한다.
분노의 감정이 일어나면 터뜨리지 말고 그냥 내버려 두어라.

마치 강물이 큰 강으로 흘러가듯이 분노의 감정이 자신의 내면에서 세상 밖으로 흘러가는 모습을 즐겁게 지켜보라.

이것은 감정을 숨기는 것과는 다르다.
이때 필요한 것은 자신이 그런 감정을 느낀다는 사실을 분명히 인식하는 것이다.

그리고 그것을 자신에게서 떠나가게 하라.
그것은 부정하는 것이 아니라 자연스럽게, 가장 지혜롭게 풀어 주는 것이다.

_법상스님

인생에도 색깔이 있다

인생에도 색깔이 있습니다.
온종일 내리던 비가 멎은 다음에
찬란하고 영롱하게 피어오르는 무지개처럼 말입니다.

우리들이 이 세상을 살아가면서
나 혼자만의 색깔이 아닌
일곱 색깔의 무지개처럼 사노라면
기쁨과 슬픔, 절망과 환희
그러한 것들을 겪게 마련입니다.

삶이 힘들고 어렵고 두렵다 해서
피해 갈수는 없습니다.

힘든 절망의 순간을 잘 이겨내고 나면
우리의 존재와 가치는 더욱 성숙해지고
절망의 순간을 잘 대처하고 나면
삶의 지혜와 보람이 한 움큼 쌓이게 됩니다.

기쁨도 슬픔도, 그리고 절망과 환희도
모두 나의 몫이라면
꼬~옥 끌어안고 묵묵히 걸어야할 길입니다.

_좋은글

당신보다 더 소중한 친구는 없습니다

고맙다는 말 대신 아무 말 없이 미소로 답할 수 있고, 둘보다는 하나라는 말이 더 잘 어울리며, 당신보다 미안하다는 말을 먼저 할 수 있는 그런 친구이고 싶습니다.

아무 말이 없어도 같은 것을 느끼고, 나를 속인다 해도 전혀 미움이 없으며, 당신의 나쁜 점을 덜어줄 수 있는 그런 친구이고 싶습니다.

잠시의 행복이나 웃음보다는 가슴깊이 남을 수 있는 행복이 더 소중한 친구이고 싶습니다.

그냥 지나가는 친구보다는 늘 함께 있을 수 있는, 나지막한 목소리에도 용기를 얻을 수 있는, 아낌의 소중함보다 믿음의 소중함을 더 중요시하는, 먼 곳에서도 서로를 믿고 생각하는 친구이고 싶습니다.

당신보다 더 소중한 친구는 아무도 없습니다.
소중한 우정과 사랑을 위해.

_좋은글

인생은 운명이 아니라 선택이다

옛말에 '작은 부자는 부지런하면 누구나 될 수 있지만, 큰 부자는 하늘이 내린다.'라는 말이 있다. 곧 아무리 노력하고 때를 잘 타고 태어나도 불가항력적인 섭리(攝理)라는 법칙이 있다는 것이다. 이것을 인정하지 않을 때 인생은 고통스럽다.

인생은 운명이 아니라 선택(選擇)이다. 되돌릴 수 없는 순간들 앞에서 최선을 다하는 그 자체가 인생을 떳떳하게 하며 후회 없는 행복한 삶을 만드는 것이다.
그러므로 최선을 다했다면 등수 때문에 인생을 소진시키는 어리석은 짓은 하지 말아야 한다.
인생은 실패할 때 끝나는 것이 아니라 포기할 때 끝나는 것이다.
그 고통을 인정하고 고난을 통한 그 뜻을 알고, 새 힘을 얻어 '아자!'를 외치며 성실하게 땀 흘리는 사람들은 박수를 받아야 마땅하다.

존재를 잃어버리면 가슴을 잃는 것이다.
가슴을 잃어버리면 자신을 잃는 것이다.
자신을 잃어버리면 세상을 잃는 것이다.
세상을 잃어버리면 인생을 잃는 것이다.

삶의 목표는 일등이 아니다. 편안함을 누리는 것은 더더욱 아니다. 어쩜 우리네 삶 자체가 고통 일지도 모르겠다.

_좋은글

이런 게 인연이지 싶습니다

살다보면 만나지는 인연 중에 참 닮았다고 여겨지는 사람이 있습니다.
영혼이라는 게 있다면 비슷하다 싶은 그런 사람이 있습니다.

한 번을 보면 다 알아버리는 그 사람의 속마음과 감추려는 아픔과 숨기려는 절망까지
다 보여지는 사람이 있습니다.

아마도 전생에 무언가 하나로 엮어진 게 틀림이 없어 보이는 그런 사람이 있나봅니다.

깜짝 깜짝 놀랍기도 하고, 화들짝 반갑기도 하고 어렴풋이 가슴에 메이기도 한, 그런 인연이 살다가 보면 만나지나 봅니다.

겉으로 보여지는 것 보단 속내가 더 닮은, 그래서 더 마음이 가고 더 마음이 아린 그런 사람이 있나봅니다.
그러기에 사랑은 어렵고, 그리워하기엔 목이 메이고, 모른 척 지나치기엔 서로에게 할 일이 아닌 것 같고,

마냥 지켜보기엔 그가 너무 안쓰러운 보듬어가며, 그런 하나하나에 마음을 터야 하는 사람, 그렇게 닮아 버린 사람을 살다가 보면 만나지나 봅니다.

_좋은글

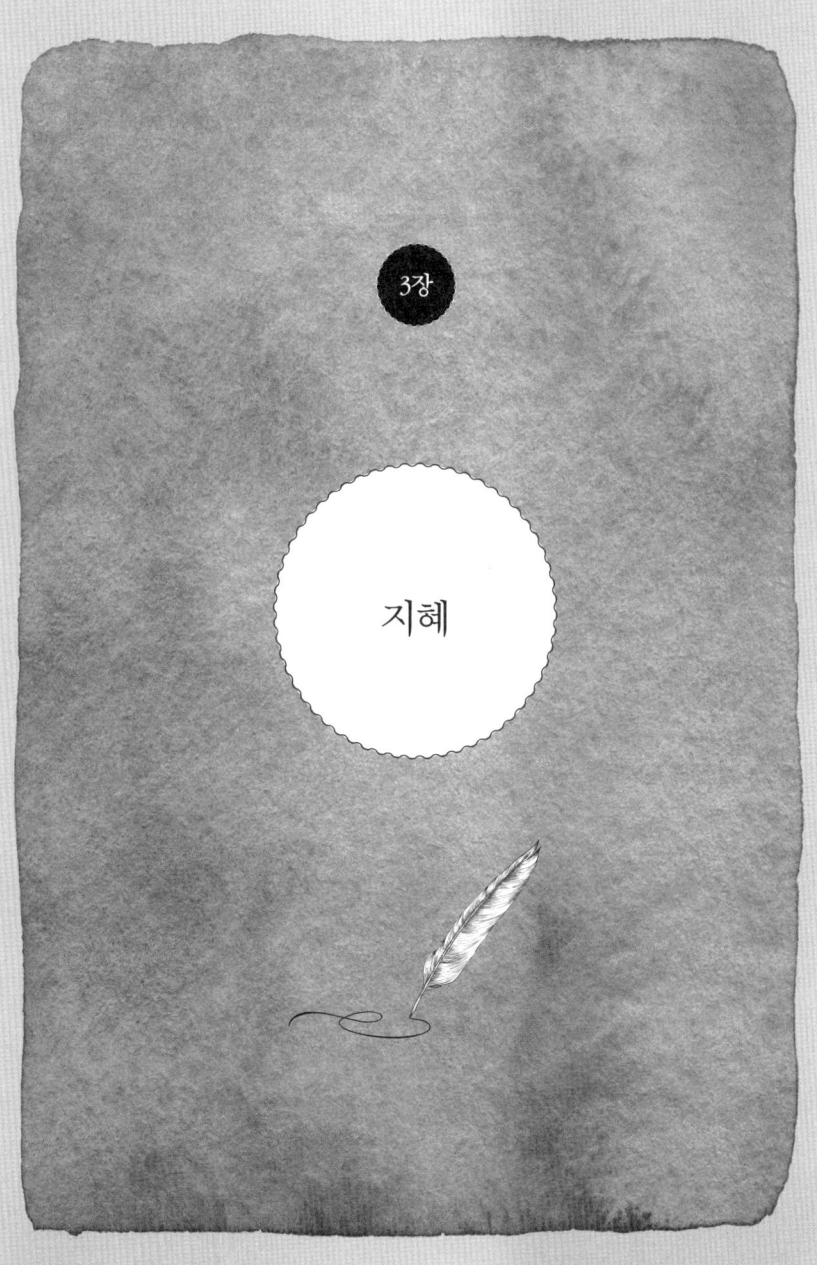

3장

지혜

더불어 함께 하는 따뜻한 마음

갓난아이가 엄마에게 애정을 보이는 건 모유를 먹을 수 있기 때문이기도 하지만, 그보다는 따뜻한 신체 접촉 때문이라고 합니다.

일상 속에서 우리가 진정으로 가치를 느끼는 건, 돈이나 물질적인 무엇이 아니라 기쁨과 슬픔을 더불어 함께 나눌 수 있는 따뜻한 마음입니다.

옷이 별로 없다면 헌옷을 입으면 되고, 배가 고프면 물이라도 마시고 참을 수 있지만, 마음의 상처는 오직 따뜻한 사람의 위안으로 치유되는 것.

누군가 남몰래 가슴아파하고 있다면 가만히 손을 잡아 주세요.
많이 아파하고 부족했던 내가 이렇게 잘 자랄 수 있었던 건 차가운 내손을 누군가가 따뜻하게 잡아 주었기 때문입니다.

마음이 아픈 사람은 가슴을 보듬어 주고, 사랑을 받지 못한 사람이 있다면 머리를 쓰다듬어 주세요.
더불어 함께하는 따듯한 마음, 언제나 내 마음과 당신의 마음속에 있답니다.

_좋은글

마음을 열어주는 따뜻한 편지

우리는 우리 스스로를 가둬 놓고 살고 있습니다.
서로를 못 믿으니까 마음에 문을 꼭꼭 걸어 잠그고, 스스로 감옥에 갇혀 살고 있습니다.

사랑의 눈으로 마음에 문을 열면 세상은 더욱 넓혀 보입니다. 세상은 아름답게 보입니다.
내가 마음의 문을 닫아 버리면 세상은 나를 가두고 세상을 닫아 버립니다.

내가 마음의 문을 열고 세상으로 향하면, 세상은 내게로 다가와 나를 열고 넓게 펼쳐집니다.
우리네 마음이란 참 오묘하여서 빈 마음으로 세상을 바라보면 세상이 한없이 아름답고 따뜻하지요.

정말 살 만한 가치가 있어 보이거든요.
내가 있으면 세상이 있고, 내가 없으면 세상이 없으므로 분명 세상의 주인은 그 누구도 아닌 나 자신입니다.

내가 더 마음의 상처를 입었어도 먼저 용서하고 마음을 열고 다가가는 아름다운 화해의 정신으로 이 세상을 여는 작은 창이 되었으면 좋겠습니다.

_좋은글

삶의 여백이 필요한 이유

사랑의 체험은 남의 말을 듣기 위해 필요하고, 고통의 체험은 그 말의 깊이를 느끼기 위해 필요합니다.
한 곡의 노래가 울리기 위해서도 우리 마음속엔 그 노래가 울릴 수 있는 공간이 있어야 합니다.

질투, 이기심, 같은 것으로 꽉 채워져 있는 마음속엔 아름다운 음률을 느낄 수 있는 공간이 없습니다.

주위를 가만히 살펴보세요.
음악을 싫어하는 사람치고 마음에 여유가 있는 사람이 얼마나 되는지.
아무리 아름다운 음악이라도 마음에 여유가 없는 사람에게는 그저 소음일 뿐입니다.

마찬가지로 고통의 체험이 없는 사람은 마음속에 무엇인가를 채울 수 있는 아량과 깊이가 부족하게 마련입니다.
고통은 인간을 성숙하게 하고 겸허하게 자신을 비우게 하니까요.
마음속에 빈 공간이 없는 사람에겐 어떤 감동적인 시나 어떤 아름다운 음악도 울림을 줄 수 없습니다.

마음의 여백이 없는 삭막한 사람일수록 자신이 잘난 줄 착각하고 용서와 화해에 인색합니다.

_좋은글

나이만큼 그리움이 온다

그리움에도 나이가 있답니다.
그리움도 꼬박꼬박 나이를 먹거든요.
그래서 우리들 마음 안에는 나이만큼 켜켜이 그리움이 쌓여 있어요.
그리움은 나이만큼 오는 거예요.
후드득 떨어지는 빗방울에도 산들거리며 다가서는 바람의 노래 속에도 애틋한 그리움이 스며 있어요.

내 사랑하는 이는 내가 그리도 간절히 사랑했던 그 사람은 지금 어디서 무엇을 하고 있을까요?

이만큼 그리워하고 있을까요?

내가 그리움의 나이를 먹은 만큼 나이만큼 그리움이 온다.
그리움의 나이테를 동글동글 끌어안고 있겠지요.

조심스레 한 걸음 다가서며 묻고 싶어요.
'당신도 지금 내가 그리운가요?'
스쳐가는 바람의 소맷자락에 내 소식을 전합니다.

'나는 잘 있어요'
이렇게 당신을 그리워하면서.

_좋은글

한 글자만 바꾸면

사노라면 무수히 크고 작은 파도를 만납니다.
이럴 때 우리는 분노와 슬픔, 좌절, 아픔, 배신감으로
주체할 수 없도록 치를 떨게도 합니다.

"그럴 수 있나?" 끓어오르는 분노와 미움,
그리고 배신감으로 치를 떨게 됩니다.
혈압이 오르고 얼굴은 붉어지고
손발이 부르르 떨리기도 합니다.

이럴 때
"그럴 수 있지"
이 한마디, 즉 한 글자만 바꿔 생각하면
격정의 파도는 잠잠해지고
마음은 이내 안정과 평안을 찾을 것입니다.

"그럴 수 있나"와 "그럴 수 있지"의 차이는
하늘과 땅 차이만큼이나 표현하기에 따라
180도 다른 인격으로 바뀌게 됩니다.

자! 한 번 바꿔보시지요.
그럴 수 있지는 세상을 따뜻하게 합니다.

_좋은글

가장 아름다운 멋

꽃은 반 정도 피었을 때 감상해야 하고,
술은 취기가 오를 정도까지만 마셔야 한다.
이때야 말로
가장 아름다운 멋을 느낄 수가 있다.

만약 꽃이 눈부시도록 활짝 피기를 기다리거나,
취할 정도로 마신다면 추악한 경지에 빠지기 쉽다.

환경이 원만하여 사업이 정상에 오른 사람은
마땅히 그 안의 도리를 생각하여야 한다.

지나치면 쇠퇴하기 쉽고,
적당하지 않으면 패하기 쉬우니,
모든 일은 조금 빈 듯해야
그 안의 미묘한 정취를 느낄 수가 있다.

그래서 꽉 차게 하지 않는 것이
처세하는 기본 태도이다.

_좋은글

말씨는 곧 말의 씨앗인 것

　一言不中　千語無用　일언부중 천어무용
한마디 말이 맞지 않으면 천 마디가 무슨 소용이 있으리.

　그 사람의 환경은 생각이 됩니다.
　그 사람의 생각은 말씨가 됩니다.

　침묵이 금이 될 수도 있고, 한 마디 말이 천 냥 빚을 탕감할 수 있는 것은 말의 위력입니다.
　말(言)이 적은 친절이 기억에 오래 가는 것은 마음속 깊이 우러나오기 때문입니다.
　비록 많은 말을 하지 않는 행동이 보는 이의 심금을 울려주겠지요.
　너그러운 마음씨가 혀를 고쳐준다고 합니다. 적을 많이 가지고 있으면 불평하는 말도, 그만큼 늘 것이고 정신건강에 지대한 악영향을 줄 것입니다.

　사랑의 말이 사랑을 낳고 미움의 말이 미움을 부릅니다. 내가 한 말은 반드시 어떻게든 돌아옵니다. 그래서 말씨는 곧 말의 씨앗인 것입니다.
　생각이 깊은 사람은 말을 하지 않고 생각을 합니다.
　생각이 없는 사람은 여러 이야기를 생각 없이 합니다.
　사람들은 드러내는 말보다는 밝은 미소로, 침묵으로 조용한 물이 깊은 것처럼 깊이 있는 말로 사랑과 감동을 전할 수 있다면 바로 그것이 아름다운 삶이 아닐까요.

　_지산 이민홍

내 생각과 같은 사람은 없습니다

　세상을 살다 보면 많은 것을 보고 느끼며 경험하지만 내 생각과 같은 사람은 없습니다.

　생김이 각자 다르듯 살아가는 모습도 모두가 다릅니다.
　살아가는 사고방식이 다르고, 비전이 다르고, 성격 또한 다릅니다.

　서로 맞추어가며 살아가는 게 세상사는 현명한 삶인데도 불구하고 내 생각만 고집하고, 타인의 잘못된 점만 바라보길 좋아하는 사람이 의외로 많습니다.

　흔히들 말을 합니다.
　털어서 먼지 않나는 사람이 어디 있느냐고 칭찬과 격려는 힘을 주지만 상처를 주는 일은 도움이 되지 못합니다.
　또 감정을 절제 하는 것은 수양된 사람의 기본입니다.

　우선 남을 탓하기 전 나 자신을 한번 돌아본다면 자신도 남들의 입에 오를 수 있는 행동과 말로 수 없이 상처를 주었다는 사실을 깨달을 수 있습니다.

　말은 적게 하고 베푸는 선한 행동은 크게 해서 자신만의 탑을 높이 세워 가면서 조금은 겸손한 마음으로 살아갈 수 있었으면 좋겠습니다.

　_좋은글

고운미소와 아름다운 말 한마디

낯선 이에게 보내는 고운 미소 하나는 희망이 되며, 어두운 길을 가는 이에게는 등불입니다.

미소 안에 담긴 마음은 배려와 사랑입니다.
진정한 마음에서 우러나오는 미소는, 나를 아름답게 하며 누군가를 기쁘게 합니다. 댓가없이 짓는 미소는 내 영혼을 향기롭게 하고, 타인의 마음을 행복하게 합니다.
나를 표현하는 말은 나의 내면의 향기입니다.
칭찬과 용기를 주는 말 한마디에 어떤 이의 인생은 빛나는 햇살이 됩니다.
아름다운 말 한마디는, 우리의 사소한 일상을 윤택하게 하고, 사람 사이에 막힌 담을 허물어줍니다.

실의에 빠진 이에게 격려의 말 한마디,
슬픔에 잠긴 이에게 용기의 말 한마디,
아픈 이에게 사랑의 말 한마디 건네 보십시오.

내가 오히려 행복해집니다. 화사한 햇살 같은 고운 미소와 진심 어린 아름다운 말 한마디는, 내 삶을 빛나게 하는 보석입니다.
나의 아름다운 날들 속에 영원히 미소 짓는 나이고 싶습니다.
더불어 사는 인생길에 언제나 힘이 되는 말 한마디 건네주는 나였으면 좋겠습니다.

_좋은글

나그네이며 지나가는 행인

　인생은 나그네입니다.
　지금 살아가고 있는 세상은 사람이 주인이 아니며, 잠시 기대어 살아가다 주인이 더 이상 허락하지 않으면 나는 사라져야 합니다.

　나그네는 때로 부당한 대우를 받기도 하고, 정말 이해하기 힘든 억울한 일을 당하기도 합니다.
　전혀 나와는 상관없는 일로 바람이라는 돌이 나에게 날아오면 피해야 하고, 뜨거운 햇살이 오면 그늘을 찾아야 합니다.
　바람이 부는 것도, 견디기 힘든 추위가 찾아오는 것도, 나그네와는 아무 상관이 없이 주인인 세상이 자기가 원하는 바에 따라 행하고 있습니다.
　세상에 대들지 마세요.
　거친 돌 바람이 불면 피하는 게 상책이지 내가 그것을 이겨 보겠다고 맞서다가는 자기만 손해입니다.
　어찌하겠는지요.
　하필이면 나에게만 바람이 불고 추위가 찾아오는 것도 세상 마음이라는 것을 받아 들여야 합니다.

　나그네는 조금 억울해도 참습니다.
　만약 그것이 자기 삶의 끝이라면 억울하겠지만 자기가 가야 하는 더 좋은 집이 있는 나그네는 이해 못하는 돌이 나를 쳐도 참을 수 있어야 합니다.

　_좋은글

설탕같은 사람 소금 같은 사람

설탕같은 말을 하는 사람이 있고, 소금같은 말을 하는 사람이 있습니다.

설탕같이 일을 하는 사람이 있고, 소금같이 일을 하는 사람이 있습니다.

설탕같은 삶을 사는 사람이 있고, 소금같은 삶을 사는 사람이 있습니다.

눈에 보이지는 않지만 모든 바닷물에는 하얀 소금이 들어 있듯이 우리 마음의 바다에도
소금이 많이 들어 있습니다.

내 안에 있는 소금으로 사람들의 이야기에 맛을 내고, 사람들의 사랑에 맛을 내고, 사람들의 이름에 맛을 내도록 합시다.

설탕같이 흐려지는 이웃이 되지 말고, 소금같이 분명해지는 이웃이 됩시다.
설탕같이 흔한 친구가 되지 말고, 소금같이 소중한 친구가 됩시다.

설탕같이 맛을 잃는 사람이 되지 말고, 소금같이 맛을 얻는 사람이 되도록 합시다.

설탕은 없어도 살 수 있지만 소금이 없다면 살 수 없습니다.

_좋은글

끝없이 기쁜 사람이 되자

    우리가 삶에 지쳤을 때 서로 마음 든든한 사람이 되고, 때때로 힘겨운 인생의 무게로 하여 속마음마저 막막할 때 우리 서로 위안이 되는 그런 사람이 되자.

    누군가 사랑에는 조건이 따른다지만 우리의 바램은 지극히 작은 것이게 하고, 그리하여 더 주고 덜 받음에 섭섭해 말며, 문득 스치고 지나가는 먼 회상 속에서도 우리 서로 기억마다 반가운 사람이 되자.

    어쩌면 고단한 인생길 먼 길을 가다 어느 날 불현 듯 지쳐 쓰러질 것만 같은 시기에 우리 서로 마음 기댈 수 있는 사람이 되고

    혼자 견디기엔 한 슬픔이 너무 클 때, 언제고 부르면 달려 올 수 있는 자리에 오랜 약속으로 머물며 기다리며 더 없이 간절한 그리움으로 눈 시리도록 바라보고픈 사람.

    우리 서로 끝없이 끝없이 기쁜 사람이 되자.

    _좋은글

깨달아라, 자유롭게 살아라

당신의 존재가 삶과 죽음을 겪어야 하는 육체 그 너머에 있음을 깨달으라.
그러면 모든 문제가 풀릴 것이다.

문제는 당신 스스로 죽어야할 존재로 태어났다고 믿는 데 있다.

깨달아라!
자유롭게 살아라!

당신은 개체적 자아가 아니다.
자유는 걱정으로부터의 자유이다.
변함없는 것을 깨달았다면 욕망과 두려움을 쫓아가지 마라.

욕망과 두려움이 왔다가 스스로 떠나가도록 내버려두어라.
이와 같은 감정에 대해 반응하지 말고 차분한 마음으로 바라보면 감정은 힘을 잃고
당신은 자유롭고 편안한 상태에 이르게 된다.

_바바하리다스

그렇게 사는 겁니다

버릴 것은 버려야지, 내 것이 아닌 것이 있으면 무엇하리오.
줄 게 있으면 줘야지, 가지고 있으면 뭐하노 내 것도 아닌데.

삶도 내 것이라고 하지 마소, 잠시 머물다가는 것일 뿐인데,
묶어 둔다고 그냥 있겠소, 흐르는 세월 붙잡는다고 아니 가겠소.

그저 부질없는 욕심일 뿐 삶에 억눌려 허리 한 번 못 펴고
인생 계급장 이마에 붙이고 뭐 그리 잘났다고 남의 것 탐내시오.

훤한 대낮이 있으면 까만 밤하늘도 있지 않소.
낮과 밤이 바뀐다고 뭐 다른 게 있소.

살다 보면 기쁜 일도 슬픈 일도 있다마는

잠시 대역 연기 하는 것일 뿐 슬픈 표정 진다하여 뭐 달라지는 게 있소.
기쁨 표정 짓는다 하여 모든 게 기쁜 것만은 아니요.

내 인생 네 인생 뭐 별거랍니까 바람처럼 구름처럼
흐르고 불다 보면 멈추기도 하지 않소. 그렇게 사는 겁니다.

_좋은글

3초만 생각해보세요

엘리베이터를 탔을 때 '닫기'를 누르기 전 3초만 기다리세요.
정말 누군가 급하게 오고 있을지도 모르니까요.
출발 신호가 떨어져 앞차가 서 있어도 경적을 울리지 말고 3초만 기다려주세요.
그 사람은 인생의 중요한 기로에서 갈등하고 있었는지 모릅니다.

내 차 앞으로 끼어드는 차가 있으면 3초만 서서 기다려요.
그 사람 아내가 정말 아플지도 모르니까요.
친구와 헤어질 때 그의 뒷모습을 3초만 보고 있어 주세요.
혹시 그 놈이 가다가 뒤돌아 봤을 때 웃어줄 수 있도록.
길을 가다가 아니면, 뉴스에서 불행을 맞은 사람을 보면, 잠시 눈을 감고 3초만 그들을 위해 기도하세요.
언젠가는 그들이 나를 위해 그리할 것이니까요.
정말 화가 나서 참을 수 없는 때라도 3초만 고개를 들어 하늘을 보세요.
내가 화낼 일이 보잘것없지는 않은가.
차창으로 고개를 내밀다 한 아이와 눈이 마주 쳤을 때 3초만 그 아이에게 손을 흔들어 주세요.
그 아이가 크면 분명 내 아이에게도 그리 할 것이니까요.
죄 짓고 감옥 가는 사람을 볼 때 욕하기 전 3초만 생각해보세요.
내가 그 사람의 환경이었다면 어떻게 되었을까.

_좋은글

마음이 힘들어질 때

　서로 마음 든든한 사람이 되고, 때때로 힘겨운 인생의 무게로 하여 속마음마저 막막할 때
　우리 서로 위안이 되는 그런 사람이 되었으면 좋겠습니다.

　누군가 사랑에는 조건이 따른 다지만 우리의 바램은 지극히 작은 것이게 하고, 그리하여 더 주고 덜 받음에 섭섭해 말며, 문득 스치고 지나는 먼 회상 속에서도 우리 서로 기억마다 반가운 사람이 되었으면 좋겠습니다.

　어쩌면 고단한 인생길 먼 길을 가다 어느 날 불현듯 지쳐 쓰러질 것만 같은 시기에 우리 서로 마음 기댈 수 있는 사람이 되고,

　견디기엔 한 슬픔이 너무 클 때 언제고 부르면 달려 올 수 있는 자리에 오랜 약속으로 머물길 기다리며,

　더 없이 간절한 그리움으로 눈 시리도록 바라 보고픈 사람, 우리 서로 끝없이 끝없이 기쁜 사람이 되었으면 합니다.

　_좋은글

얼굴의 뿌리, 웃음의 뿌리는 마음

사람을 판단할 때 가장 중요한 것은
그 사람의 얼굴에 나타나는 빛깔과 느낌입니다.

얼굴이 밝게 빛나고 웃음이 가득한 사람은
성공할 수 있습니다.
얼굴이 어둡고 늘 찡그리는 사람은 쉽게 좌절합니다.
얼굴은 마음과 직결되며
마음이 어두우면 얼굴도 어둡습니다.
마음이 밝으면 얼굴도 밝습니다.
이는 행복하다는 증거입니다.
마음속에 꿈과 비전을 간직하면
행복에 익숙한 사람이 될 수 있습니다.

언제나 웃음이 얼굴에 가득한 사람은
다른 사람에게 편안함을 주기도 하지만
무엇보다 자신의 건강에 유익합니다.
목 위에서부터 출발하여
얼굴에 나타나는 미소나 웃음은 예외입니다.
그것은 뿌리 없는 나무와 같습니다.

얼굴의 뿌리, 웃음의 뿌리는 마음입니다.

_좋은글

얼굴 없는 만남

우린 얼굴이 아닌
마음으로 먼저 인사를 했네요.

마음을 가득 담은 아름다운 글 속에서
당신의 미소를 보았습니다.

때로는 슬픔이 담긴 가슴 아픈 미소를,
때로는 애정이 가득 담긴 따뜻한 미소를,
때로는 행복에 겨워 웃으며 우는 눈물을
열린 문틈으로 엿보았답니다.

사랑이라는 꽃을
먼저 피워 올릴 수 있었던 건
얼굴 없는 만남이었기에
할 수 있었던 일이었는지도 모르겠습니다.

_좋은글

비워야 채워지는 삶

예전엔 몰랐습니다.
비워야 채워지는 삶을, 어제보다 지금보다 나은 생활을 영위하려고 발버둥만 치는 삶이었습니다.

항상 내일을 보며 살았으니까요.
오늘은 늘 욕심으로 채워 항상 욕구불만에 남보다 더 갖고 싶은 생각에 나보다 못가진자를 보지 못했습니다.
그래서 항상 불만이였습니다.
하지만 이제 깨닫습니다.
가득 차 넘치는 것은 모자람만 못하다는 현실을, 이제 마음을 비웠습니다.
또 욕심이 찬다면 멀리 갖다가 버리겠습니다.
무엇이 필요하다면 조금만 갖겠습니다.
그리고 나누겠습니다.
가식과 허영을 보며 웃음도 지어보이겠습니다.

내 안의 가득 찬 욕심을 버리니 세상이 넓어 보이고 내가 쥔 게 없으니 지킬 걱정도 없어 행복합니다.
예전에 헌 자전거를 두고 새 자전거를 사서 잃어버릴까 걱정하던 생각이 떠오릅니다.

마음하나 비우면 세상이 달라지는 이유를 깨달았습니다.

_좋은글

진정한 지혜

진정한 사랑은
말에 있지 않고 행동에 있으며
그런 사랑만이 우리에게 진정한 지혜를 줍니다.
진정한 지혜는
모든 것에 대한 지식이 아니라
살아가는데 가장 필요한 지식과
불필요한 지식과 알 필요가 없는 지식을 구별하는 것입니다.
곧 필요한 지식이란
되도록 나쁜 짓을 하지 않고
훌륭하게 살아가는 방법이 무엇인가 아는 것입니다.
그런데 안타깝게도 요즘 사람들은
사는데 가장 필요하고
소중한 지식을 연구하기보다는
쓸모없는 학문을 연구하고 있습니다.
지혜는 순수하기 이를 데 없는 것입니다.
지혜를 얻게 되면 영혼이 평안함을 느낄 것입니다.
지혜는 헤아릴 수 없습니다.
지혜에 가까이 가면 갈수록
지혜는 더욱 삶에 중요하게 다가오기 때문입니다.
지혜로운 우리의 삶은
시시각각 좋은 모습으로 변하는 것입니다.

_톨스토이

가장 아름다운 시간

가장 낭비하는 시간은 방황하는 시간이고,
가장 교만한 시간은 남을 깔보는 시간이고,
가장 자유로운 시간은 규칙적인 시간이고,
가장 통쾌한 시간은 승리하는 시간이고,

가장 지루한 시간은 기다리는 시간이고,
가장 서운한 시간은 이별하는 시간이고,
가장 겸손한 시간은 자기 분수에 맞게 행동하는 시간이고,
가장 비굴한 시간은 자기변명을 늘어놓는 시간이고,

가장 불쌍한 시간은 구걸하는 시간이고,
가장 가치 있는 시간은 최선을 다한 시간이고,
가장 현명한 시간은 위기를 슬기롭게 극복한 시간이고,
가장 분한 시간은 모욕을 당한 시간이고,

가장 뿌듯한 시간은 성공한 시간이고,
가장 달콤한 시간은 일한 뒤 휴식 시간이고,
가장 즐거운 시간은 노래를 부르는 시간이고,
가장 아름다운 시간은 사랑하는 시간이다.

_좋은글

그대의 앎을 포기하라

인간이 배우고 아는 모든 것은 세상에 관한 것이다.
세상에 속한 인간이 세상에 대해
배우지 않으면 이 세상에서 살아갈 수가 없다.

하지만 세상에 대한 앎은 세상에 대한 집착을 낳는 법,
우리 인간은 이 세계를 잃는다는 사실을 두려워 떨고 있다.
자신이 속한 세계를 잃는 것에 대한 두려움은 분노를 유발한다.

그래서 알게 모르게 우리의 세계를 빼앗으려 드는 자들로부터
방어할 만반의 준비가 되어 있다.
마음은 이렇게 항상 빼앗김에 대한
두려움과 그것을 지키기 위한 긴장으로 가득 차있다.

우리의 두려움과 분노 그 이면에 무엇이 있는지를
알아볼 시간조차 없는 것이다.
집착을 낳는 세속적인 앎, 두려움을 낳는 집착,
분노를 일으키는 두려움, 증오나 시기,
난폭함 등으로 변형되는 분노 따위,
이제 우리를 끌어내리려고 하는 모든 요소들을 제거해야만 한다.

_바바하리다스

미워하지 말고 잊어버려라

흐르는 물에 떠내려가는 사람의 마음은 조급합니다.
그러나 언덕에 서서 흐르는 물을 바라보는 사람의 마음은 여유롭고 평화롭습니다.

내게 미움이 다가 왔을 때, 미움 안으로 몸을 담그지 마십시오.
내게 걱정이 다가왔을 때, 긴 한숨에 스스로를 무너뜨리지 마십시오.

미움과 걱정은 실체가 있는 것이 아닙니다.
그냥 지나가 버리는 것일 뿐입니다.

다만 그것이 지나가기를
기다리는 인내의 마음이 필요할 뿐입니다.
가만히 눈을 감고 마음속에 빛을 떠올려 보십시오.

미움과 걱정의 어둠이 서서히 걷히는 것을 느낄 수가 있을 것입니다.
언덕에 서기 위해서는 지혜가 필요합니다.

미움은 미움으로 갚을 수 없고, 걱정은 걱정으로 지울 수 없다는 것을 알 때, 우리는 언덕에 서서 미움과 걱정을 향해 손 흔들 수 있을 것입니다.

_좋은글

아름다운 삶

생각이 깊은 사람은
말을 하지 않고 생각을 합니다.
생각이 없는 사람은
여러 이야기를 생각 없이 합니다.

사람들은 드러내는 말보다는
밝은 미소로, 침묵으로
조용한 물이 깊은 것처럼
깊이 있는 말로 사랑과 감동을 전할 수 있다면
바로 그것이 아름다운 삶이 아닐까요.

_좋은글

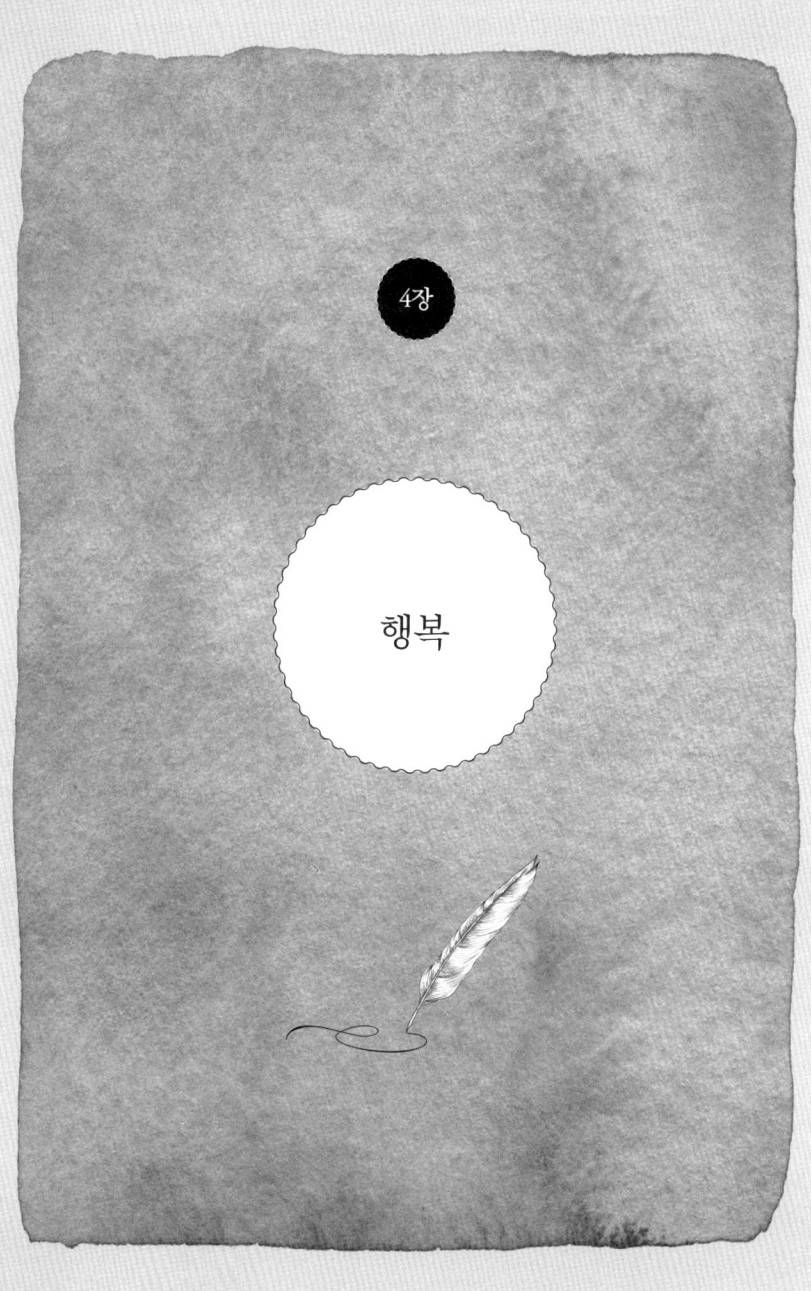

길이 멀어도 찾아갈 벗이 있다면

길이 멀어도 찾아갈 벗이 있다면 얼마나 좋으랴.

문득 만나고픔에 기별 없이 찾아가도 가슴을 가득 채우는 정겨움으로 맞이해주고, 이런저런 사는 속내를 밤새워 나눌 수 있다면 정말 행복한 인생이지 않겠는가.

부부간이라도 살다 보면 털어놓을 수 없는 일이 있고 피를 나눈 형제간이라도 말 못할 형편도 있는데, 함께하는 술잔만으로도 속마음이 이미 통하고 무슨 말이 더 필요하랴.

마주함에 내 심정을 벌써 아는 벗이 있었으면 좋겠다.

좋을 때 성할 때 이런저런 친구 많았어도 힘들고 어려우면 등 돌리고 몰라 하는 세상인심인데, 그래도 가슴 한 짐 툭 털어내 놓고 마주하며, 세월이 모습을 변하게 할지라도, 보고픈 얼굴이 되어 먼 길이지만 찾아갈 벗이라도 있으면 행복하지 않겠는가.

_좋은글

웃는 연습을 하라 인생이 바뀐다

　웃음에 대한 한국인의 해부학적인 단점은 연습으로 충분히 극복될 수 있다고 전문가들은 말한다.
　웃음은 타고난 것이 아니라 연습이고 습관이라는 것이다. 따라서 평소 꾸준히 연습하면 누구나 자연스럽게 웃는 표정을 지닐 수 있다고 한다.
　우리 뇌에는 웃는 입 모양을 식별하는 전용 시스템이 존재하는데 이것을 가장 쉽게 자극할 수 있는 방법이 입 꼬리를 위로 올려서 웃는 것이라고 한다.

　이렇게 입모양만 바꾸어서 일부러 웃는 표정을 지어도 뇌는 이것을 실제로 웃는 것으로 판단하게 되고 우리 몸에 이로운 반응을 일으킨다.
　입 꼬리를 당기고 내리는 근육의 신경이 뇌를 자극해서 면역력을 높여주는 호르몬을 분비시키기 때문이다.
　말기 암 시한부 3개월의 절망 속에서 웃음으로 활력을 되찾은 김상태 목사의 사례는 우리에게 많은 것을 느끼게 해준다.

　웃음으로 활기를 얻는 것은 비단 우리의 육체만이 아니다.
　스트레스에 찌든 우리의 마음도 웃음으로 잠시나마 위안을 얻고 또 다른 도전을 준비할 힘을 얻게 된다.
　신이 인간에게만 준 선물인 웃음, 오직 우리 사람들만이 누릴 수 있는 그 특권을 마음껏 즐기자.
　인생이 바뀔 것이다.

　_좋은글

당신 옆에 이런 사람이 있습니까?

　삶이 너무나 고달파 모든 것을 포기하려 해도 딱 한 사람 나를 의지하는 그 사람의 삶이 무너질 것 같아 일어나 내일을 향해 바로 섭니다.
　속은 일이 하도 많아 이제는 모든 것을 의심하면서 살아야겠다고 다짐하지만 딱 한 사람 나를 믿어 주는 그 사람의 얼굴이 떠올라 그동안 쌓인 의심을 걷어 내고 다시 모두 믿기로 합니다.
　아프고 슬픈 일이 너무 많아 눈물만 흘리면서 살아갈 것 같지만 딱 한사람 나를 향해 웃고 있는 그 사람의 해맑은 웃음이 떠올라 흐르는 눈물을 닦고 혼자 조용히 웃어 봅니다.
　사람들의 멸시와 조롱 때문에 이제는 아무 일도 할 수 없을 것 같지만 딱 한사람 나를 인정해 주고 격려해 주는 그 사람의 목소리가 귓가에 맴돌아 다시 용기를 내어 새 일을 시작합니다.
　세상을 향한 불평의 소리들이 높아 나도 같이 불평하면서 살고 싶지만 딱 한사람 늘 감사하면서 살아가는 그 사람의 평화가 그리워 모든 불평을 잠재우고 다시 감사의 목소리를 높입니다.
　진실로 한 사람을 사랑하는 것은 온 세상을 사랑하는 것이요, 온 세상의 모든 사랑도 결국은 한 사람을 통해 찾아옵니다.

　당신 옆에 이런 사람이 있습니까? 그러면 정말 행복한 사람입니다.
　내 옆에 그런 사람을 두고도 불평하십니까? 그러면 그 사람은 정말 불행한 사람입니다.

_좋은글

그리운 사람이 있다는 것은

살아가면서 언제나
그리운 사람이 있다는 것은
내일이 어려서 기쁘리.

살아가면서 언제나
그리운 사람이 있다는 것은
오늘이 지루하지 않아서 기쁘리.

살아가면서 언제나
그리운 사람이 있다는 것은
늙어가는 것을 늦춰서 기쁘리.

이러다가 언젠가는 내가 먼저 떠나
이 세상에서는 만나지 못하더라도
그것으로 얼마나 행복하리.

아, 그리운 사람이 있다는 것은
날이 가고 날이 오는 먼 세월이
그리움으로 곱게 나를 이끌어 가면서
다하지 못한 외로움이 훈훈한 바람이 되려니
얼마나 허전한 고마운 사랑이런가.

_조병화

그리움의 갈대

불교 용어에 연기(緣起)라는 것은
갈대의 묶음을 말하는 것입니다.

갈대 하나는 서기 어렵지만 그 갈대를
다발로 묶으면 쉽게 설 수 있습니다.

우리의 삶 또한 갈대와 같습니다.

혼자서 잘 살고 혼자만 편하면
그만이라는 그릇된 생각을 버려야 합니다.

생각하는 갈대,
흔들리는 갈대,
그리움의 갈대.

사회나 조직을 떠나 나 홀로
살아가기 힘든 이유이기도 합니다.

오늘은 그리운 사람을 그리워할 것입니다.

_지산 이민홍

행복에 이르는 두 가지 방법

　행복에 이르는 두 가지 방법이 있습니다. 하나는 욕망을 가득 채웠을 때 오는 행복과 또 하나는 욕망을 비웠을 때 오는 행복이 그것입니다.

　욕망을 가득 채워야 행복한데 그냥 욕망 그 자체를 놓아버리면 더 이상 채울 것이 없으니 그대로 만족하게 되는 것이지요.

　전자의 행복은 또 다른 욕망을 불러오고 잠깐 동안의 평온을 가져다주며, 유한하기에 헛헛한 행복이지만, 후자의 행복은 아무것도 바랄 것 없이 그대로 평화로운 무한하고 고요한 행복입니다.

　모든 성자들이 '마음을 비워라' '그 마음을 놓아라' 하는 이유는 바로 욕망을 비웠을 때 오는 행복이 지고한 참된 행복이기 때문일 것입니다.

　무엇에 욕망을 가지고 있는가! 바라는 것이 무엇인가! 충족되었을 때 나를 가장 기쁘게 하는 것은 무엇일까?

　가장 되고 싶은, 하고 싶은 것은 무엇인가! 가만히 마음을 비추어 보시기 바랍니다.

　바로 그 놈이 지금 이 자리에서 비워야 할 것들입니다.

　_좋은글

채우는 행복, 비우는 행복

비운다는 것은 하지 않음을
이르는 것이 아니라
걸리지 않음, 집착하지 않음을 이르는 것입니다.

언제라도 포기할 수 있고,
결과에 연연해하지 않을 수 있음을 말입니다.

마음 비우기의 참 큰 매력은 비우고서 했을 때
그 때 정말 큰 성취가 있다는 점입니다.

그러나 그렇게 이룬 성취는 이미
나를 들뜨게 하지 않는 평온한 성취입니다.

또한 설령 성취하지 못하였더라도
내 마음 비웠기에 아무런 괴로울 이유가 없는 것입니다.

채우는 행복, 비우는 행복,
자! 어떤 행복을 만드시겠습니까?

_지산 이민홍

마음의 힘

우리 몸에 힘이 있듯이 마음에도 힘이 있습니다.

우리 몸은 음식으로 힘을 얻지만 마음은 생각으로 힘을 얻습니다.
좋은 생각은 마음의 힘이 됩니다.

사랑, 희망, 기쁨, 감사, 열정, 용기, 지혜, 정직, 용서는 마음을 풍성하고 건강하게 합니다.
하지만, 미움, 거짓, 불평, 의심, 염려, 갈등, 후회는 마음을 약하게 하고 황폐하게 합니다.

나의 자유가 중요하듯이 남의 자유도 똑같이 존중해 주는 사람

존 러스킨은
"마음의 힘에서 아름다움이 태어나고, 사랑에서 연민이 태어난다."고 했고,

스피노자는
"평화란 싸움이 없는 것이 아니라 마음의 힘으로부터 생긴다."고 했습니다.

우리 마음의 좋은 생각이 우리를 아름답게 하고, 삶을 평화롭게 합니다.

_좋은글

나의 삶은 바로 여기

"나에게 가장 중요한 때와
나에게 가장 중요한 일과
나에게 가장 중요한 사람은 누구인가?"

톨스토이의 말입니다.

나에게 가장 중요한 때는 지금 현재이며,
나에게 가장 중요한 일은 지금 하고 있는 일이며,
나에게 가장 중요한 사람은
지금 내가 만나고 있는 사람입니다.

현재 자신의 행복을 모르고
막연한 내일에 기대어 세월을 보내고 있지 않으십니까?

내가 원하는 모습이 되기 위해
미래를 기다릴 필요는 없습니다.

나의 삶은 바로 여기, 지금입니다.

_지산 이민홍

행복을 주는 사람

　상대의 단점 보다는 장점을 발견해 부드러운 칭찬을 해 보세요.
　가능하면 당신을 만난 것이 참 행운이라는 말을 빠뜨리지 말고 하는 것이 좋습니다.

　누구나 자신이 상대에게 희망을 주는 사람이리라는 것을 기쁘게 생각할 것이기 때문입니다.
　어려울 것 같지만 우리가 인상 찌푸리고 푸념하는 시간이면 충분하답니다.

　내가 밝고 주위가 밝아져야 근심이 없어집니다.
　당장은 일이 잘 풀리지 않더라도 마음에 여유로움이 생긴답니다.

　서로에게 아름다운 마음으로 나누는 사랑의 언어는 참으로 행복한 하루를 열어줄 거예요.

　이제 제가 당신께 고백드릴 차례입니다.
　당신은 세상에서 가장 아름다우며, 둘도 아닌 단 하나의 걸작이십니다.

　_좋은글

내게 이런 삶을 살게 하여 주소서

 연약할 때 자기를 알고 힘을 기를 줄 아는 여유와 두려울 때 자신을 잃지 않는 대담성과 정직한 패배에 부끄러워하지 않고 태연하며 승리에 겸손하고 온유한 마음을 갖게 하여 주소서.

 사리를 판단할 때 고집으로 인하여 판단을 흐리지 않게 하고, 생각하고 이해하여 사심이 없는 판단을 하며 또한 평탄하고 안이한 길만이 삶의 전부라 생각하지 말게 하고, 고난에 직면할 때 분투노력할 줄 알며 패자를 관용할 줄 알도록 가르쳐 주소서.

 마음을 항상 깨끗이 하고 목표는 높이 설정하되 남을 정복하려고 하기 전에 먼저 자신을 다스릴 줄 알며 장래를 바라봄과 동시에 지난날을 잊지 않게 하여 주소서.

 이에 더하여 삶을 엄숙하게 살아감은 물론 유머를 알고 삶을 즐길 줄 알게 하소서.

 자기 자신에 지나치게 집착하지 말게 하시고 겸허한 마음을 갖게 하여 참된 위대성은 소박함에 있음도 알게 하시고 참된 지혜는 열린 마음에 있으며 참된 힘은 온유함에 있음을 명심하게 하소서.
 그리하여 먼 훗날 내 인생 헛되이 살지 않았노라고 말할 수 있게 하여 주소서.

 _좋은글

나를 행복하게 해주는 생각들

힘들 땐 푸른 하늘을 볼 수 있는 눈이 있어서 나는 행복합니다.

외로워 울고 싶을 때 소리쳐 부를 친구가 있는 나는 행복합니다.
잊지 못할 추억을 간직할 머리가 내게 있어 나는 행복합니다.

잠이 오지 않는 밤에 별의 따스함을 들을 수 있는 귀가 있기에 나는 행복한 사람입니다.

슬플 때 거울 보며 웃을 수 있는 미소가 내게 있기에 난 행복합니다.
소중한 사람들의 이름을 부를 수 있는 목소리가 있기에 나는 행복한 사람입니다.
온몸에 힘이 빠져 걷기도 힘들 때 기대어 쉴 수 있는 슬픔이 있기에 나는 행복합니다.

내 비록 우울하지만 나보다 더 슬픈 사람들을 도울 수 있는 발이 있어 나는 행복한 사람입니다.
내 가진 것 보잘것없지만 소중한 사람들을 위해 편지 하나 보낼 수 있는 힘이 있어 행복한 사람입니다.

내 가슴 활짝 펴 내 작은 가슴에 나를 위해주는 사람을 감싸 안을 수 있어 나는 진정 행복한 사람입니다.

_좋은글

생각할 것, 생각하지 말 것

오늘 하루 동안에는 나를 행복하게 해주는 것들만 생각하겠습니다.
슬픔을 주는 것들은 생각하지 않겠습니다.

오늘 하루 동안에는 나의 장점과 진실만을 생각하겠습니다.
단점과 거짓은 생각하지 않겠습니다.

오늘 하루 동안에는 내 주위의 축복들만 생각 하겠습니다.
거절당한 것이나 불행은 생각하지 않겠습니다.

오늘 하루 동안에는 우정과 미덕을 생각 하겠습니다.
잘못과 허점은 생각하지 않겠습니다.

오늘 하루 동안에는 기분 좋았던 날들만 생각하겠습니다.
한숨과 고통은 생각하지 않겠습니다.

오늘 하루 동안에는 내 앞에 있는 소망들을 생각하겠습니다.
뒤에 남은 찌꺼기는 생각하지 않겠습니다.

오늘 하루 동안에는 내가 베풀 수 있는 친절만 생각 하겠습니다.
나 자신만 돌아보려는 생각은 하지 않겠습니다.

_좋은글

아름다운 미소는

  미소는 아무런 대가를 치루지 않고서도 많은 것을 이루어 냅니다.
  받는 사람의 마음을 풍족하게 해주지만 주는 사람의 마음을 가난하게 만들지는 않습니다.
  미소는 순간적으로 일어나지만 미소에 대한 기억은 영원히 지속됩니다.
  미소 없이 살아갈 수 있을 만큼 부자인 사람은 없고 그 혜택을 누리지 못할 만큼 가난한 사람도 없습니다.
  미소는 가정의 행복을 만들어 내고 연인에게는 사랑을 싹트게 하며 우정의 표시로 나타나기도 합니다.
  미소는 지친 사람에게는 안식이며, 햇빛이고, 슬픈 사람에게는 태양이며, 모든 문제에 대한 자연의 묘약이기도 합니다.
  그러나 미소는 살수도 구경할 수도 없으며 빌리거나 훔칠 수도 없습니다.
  왜냐하면 미소는 누구에게 주기 전에는 아무 쓸모가 없기 때문입니다.
  환한 미소를 지어 보세요. 누군가에게 그 미소를 전해주세요.
  그 미소는 다른 누군가에게 전하며 사람의 마음을 풍족하게 해주니까요.
  작은 미소가 사람의 마음을 훈훈하게 해주는 작은 사랑의 시작인거 같습니다.

  할 수 있다면 영원히 미소 짓는 사람이 되고 싶습니다.
  모두가 무어라 설명할 수 없는 행복한 미소가 입가에 머물지 않으세요?
  그건 바로 그 순간에 미소 짓기 때문입니다.

_좋은글

서로를 행복하게 해주는 말

말(言)은 우리의 마음과 마음을 이어주는 다리 역할을 합니다.

정다운 인사 한마디가 하루를 멋지게 열어주지요.
우리는 서로를 행복하게 해주는 말을 해야 합니다.
짧지만 이런 한마디 말이 우리를 행복하게 하지요.

"사랑해."
"고마워."
"미안해."
"잘했어."
"넌 항상 믿음직해."
"넌 잘 될 거야!"
"네가 곁에 있어서 참 좋아."

벤자민 프랭클린이 이런 말을 했습니다.
"성공의 비결은 험담을 하지 않고 상대의 장점을 들어내는 데 있다고."

우리의 말 한마디 한마디가 얼마나 중요한지 모릅니다.
그 사람이 사용하는 말은 그 사람의 삶을 말해주지요.
오늘 우리도 주위 사람들을 행복하게 해주는 말을 해보기로 해요.
우리 곁에 있는 사람이 행복할 때 우리는 더욱 더 행복해 진답니다.

_좋은생각

나 그대에게 작은 행복을 드립니다

나 그대에게 작은 행복을 드립니다.
나와 함께 동행 하는 동안
얼마만큼의 시간이 지나 갈는지 모르지만
기분 좋은 산책길이 되었으면 해요.

나 그대에게 작은 행복을 드립니다.
나와 함께 걷는 세월이
언제나 하늘빛처럼 맑음으로
당신 가슴에 자라날 수 있으면 좋겠습니다.
나 그대에게 작은 행복을 드립니다.
닿을 수 없는 곳에 그저 그리움 하나로
찾아가는 그 길이지만 언제나 웃을 수 있는 향기
그윽한 꽃길 밟아 가는 당신이면 좋겠습니다.

나 그대에게 작은 행복을 드립니다.
먼 길 찾아오는 당신,
곱게 단장하고 나 당신 환한 웃음으로 마중 나와
당신 기쁨에 벅차 따스함 담아 풀 수 있어서
행복한 그런 행복 드릴 수 있는 내가 되고 싶습니다.

언제나 그 자리에서 늘.

_좋은글

마음으로 드릴게요

아무것도 가지지 말고 가벼운 걸음으로 오세요.
무거운 마음을 둘 곳이 없다면 가지고 오셔도 좋습니다.

값비싼 차는 없지만 인생처럼 쓰디쓴 그러나 그대의 마음을 편안하게 해 줄 향기로운 커피를 드릴게요. 어쩌면 숭늉 같은 커피일지도 모릅니다.
탈 줄도 모르는 커피지만 마음으로 타기에 맛이 없어도 향기만은 으뜸이랍니다.
허름한 차림으로 오셔도 좋아요. 어차피 인생이란 산뜻한 양복처럼 세련된 생활만 있는 게 아니니까요. 벙거지에 다 해어진 옷이라 해도 그대가 마실 커피는 있답니다.
나는 그대의 피로를 풀어 줄 향기 있는 커피만 타드리겠어요.

맛있는 커피나 차가 생각나시면 언제든지 오셔도 좋습니다.
오셔서 맛없다고 향기만 맡고 가셔도 좋고요. 돈은 받지 않는답니다.
그렇다고 공짜는 아니에요. 그대의 무거운 마음의 빚을 내게 놓고 가세요.
내려놓기 힘드시거든 울고 가셔도 좋습니다. 삶이 힘드시거든 언제든 오세요. 맛이 없더라도 향기 있는 커피를 타 드리지요. 마시기 힘드시거든 마음으로 드세요. 나도 마음으로 커피를 드리겠습니다.

언제든지, 아무 때나 힘이 들거나, 슬프거나, 즐겁거나, 외롭거나, 고독하거나, 얘기가 하고 싶거든 그냥 빈 마음 빈손으로 오세요.

_좋은글

지금 손에 쥐고 있는 시간이 인생이다

시간은 말로써는 이루다 표현하기 힘들 정도로
멋진 만물의 재료이다.
시간이 있으면 모든 것이 가능하며,
또 그것 없이는 그 무엇도 불가능하다.

시간이 날마다 우리에게 빠짐없이 공급된다는 사실은
생각하면 할수록 기적과 같다.
자, 당신 손에는 당신의 '인생'이라는,
대우주에서 이제까지 짜여진 일이 없는
24시간이라는 실이 주어져 있다.

이제 당신은 이 세상에서
가장 귀중한 보물을 자유롭게 할 수가 있는 것이다.
이 매일 매일의 24시간이야 말로 당신 인생의 식량이다.
당신은 그 속에서 건강을, 즐거움을, 수입을,
만족을, 타인으로부터의 존경을
그리고 불멸의 영혼을 발전을 짜내는 것이다.

모든 것은 이것이 있어서 비로소 가능하다.
당신도 마찬가지다.

_좋은글

내 마음의 주인은 바로 나

행복해지고 싶다면 노력해야 합니다.
집을 깔끔하게 정리하듯
내 마음에서 버릴 것은 버리고
간수할 건 간수해야 하는 것입니다.

내게 소중하고 아름다운 기억과
칭찬의 말 등은 간직해도 좋지만
필요도 없는 비난이나 고통의 기억은
쓰레기나 잡동사니 치우듯이 과감히 버리는 것입니다.

자기 마음 밭을 어떻게 가꾸느냐에 따라
행복과 불행이 갈립니다.

버려야 할 쭉정이들을 그대로 쌓아두거나
잘 간수해야 할 알곡들을 미련하게 내버리면서
행복하기를 기대할 수는 없습니다.

자기 마음 밭의 주인은 바로 자기 자신이며
그 밭을 가꾸는 사람도 자기입니다.

_좋은글

마음의 전화 한 통 기다려져요

살다보면 그런 날이 있습니다.
점심은 먹었냐는 전화 한 통에 마음이 위로가 되는 그런 소박한 날이 있습니다.

일에 치여 아침부터 머리가 복잡해져 있을 때 뜬금없는 전화 한 통이 뜀박질하는 심장을 잠시 쉬어가게 하는 그런 날이 있습니다.

별것 아닌 일인데, 살다보면 그렇게 전화 한 통 받기가 사실은 어려울 수가 있는 게 요즘 세상이라 이런 날은 빡빡하게 살던 나를 한 번쯤 쉬어가게 합니다.

전화해 준 사람에 대한 고마움, 그 따스함을 잊지 않으려고 닫힌 마음 잠시 열어 그에게 그럽니다.

"차 한 잔 하시겠어요?"
살다보면 그런 날이 있습니다.
내 입에서 차 한 잔 먼저 하자는 그런 별스런 날도 있습니다.

따스한 마음마저 거부할 이유가 없기에 아낌없이 그 마음 받아들여 차 한 잔의 한가로움에 취하는 살다보면 그런 날도 있습니다.

_좋은글

마음이 깨끗해지는 방법 하나

우리 마음이 깨끗해지는 데는 두 가지 방법이 있습니다.
한 가지는 고통과 고난을 겪는 것이고
또 한 가지는 깊이 사랑하는 것입니다.

바다는 태풍이 불어야 깨끗해지고
하늘은 비바람이 세차게 몰아쳐야 깨끗해지듯이
사람들은 고난을 통해
깨끗함과 순결함을 얻을 수 있습니다.

그런데 우리가 생각하고 있는 대부분의 고통은
진정한 고통이 아닙니다.
고양이 한마리가 다리를 지나갔다고
다리가 든든하다고 할 수 없는 것처럼 말입니다.

정말 마음에 깊은 갈등과 아픔이 있었다면,
정말 뜨거운 눈물을 흘렸다면
그 사람의 마음은 비온 뒤에
하늘 같이 맑고 깨끗해져 있을 것입니다.

겨울이 추울수록 이듬해
봄에 피어나는 꽃이 더 밝고 맑고 아름답습니다.

_좋은글

당신을 기다립니다

해당화 피기 전에 오시겠다고 하던
당신이 아직도 오지 않습니다.
싸립문앞 삽살개가 먼저 뛰어나오기 전에
오신다고 하시던 당신, 언제 오시렵니까?
장독위에 하얗게 내린 눈을 보며
긴 밤을 기다렸습니다. 많이도 기다렸습니다.
어제는 당신이 오시는 소리로 알고
너무 급히 방문을 열고 뛰쳐나가다가
넘어지기도 했습니다.

고요하지만 절박한 당신의 기다림 속에
이 내 마음 다 녹아집니다.
하지만 너무 급히 오지 마십시오.
넉넉히 오십시오.
평생을 함께 할 당신이기에
조급하던 기다림을 느긋으로 바꾸겠습니다.
인생이 기다림일진데
기다림을 오히려 설레임으로 바꾸겠습니다.

기다림의 순간이 행복일진데
이 설레임으로 오늘도 당신을 기다립니다.

_좋은글

당신을 만난 후

당신을 만난 후부터 나는 추억의 시간 쌓기가 시작되었습니다.

왜 그리도 일분일초가 값지고 고귀한지요.
당신과 잠시라도 떨어져 있을라치면, 다시 만날 시간이 참 많이도 기다려집니다.
지난 번 당신이 너무 그리워, 온 밤을 새하얗게 지새야 했습니다.

당신이 오신다기에, 아침부터 설레이는 마음 진정을 해야 했습니다.
당신이 오시는 시간이 다가올수록 너무나 설레어 두 손으로 뛰는 가슴을 눌러야 했습니다.

당신을 만나선 아무 말이 없는데도 추억은 쌓여만 가고, 정겨워 너무 정겨워 서로 보고 웃기만 하는데도, 추억은 소중해져만 갑니다.

한없이 넓은 당신의 마음을 쓸어안고 내 영혼을 맡깁니다.

내 혼을 송두리째 앗아 추억을 쌓아주는 사랑하는 내 당신아!

약속을 드리지요.
내 인생을 드리지요.
당신을 위해 내 삶의 모두를 다 드리지요.

_좋은글

살아 있기에 누릴 수 있는 행복

아침을 볼 수 있어 행복하고, 붉게 물든 저녁을 볼 수 있어 행복하고, 노래가 있어 행복하고, 꿈이 있어 행복하고, 사랑을 베풀 수 있어 행복하고,

봄, 여름, 가을, 겨울
아름다운 세상을 볼 수 있어 행복하고,
기쁨도 슬픔도 맛볼 수 있어 행복하고,
더불어 인생을 즐길 수 있어 행복하고,

누군가가 그리워 보고픔도, 그리워 가슴 아리는 사랑의 슬픔도, 모두 다 내가 살아있기에 누릴 수 있는 행복입니다.
누굴 사랑하기 전에 이런 행복을 주는 내 자신을 먼저 사랑으로 감싸줬는지요.

_좋은글

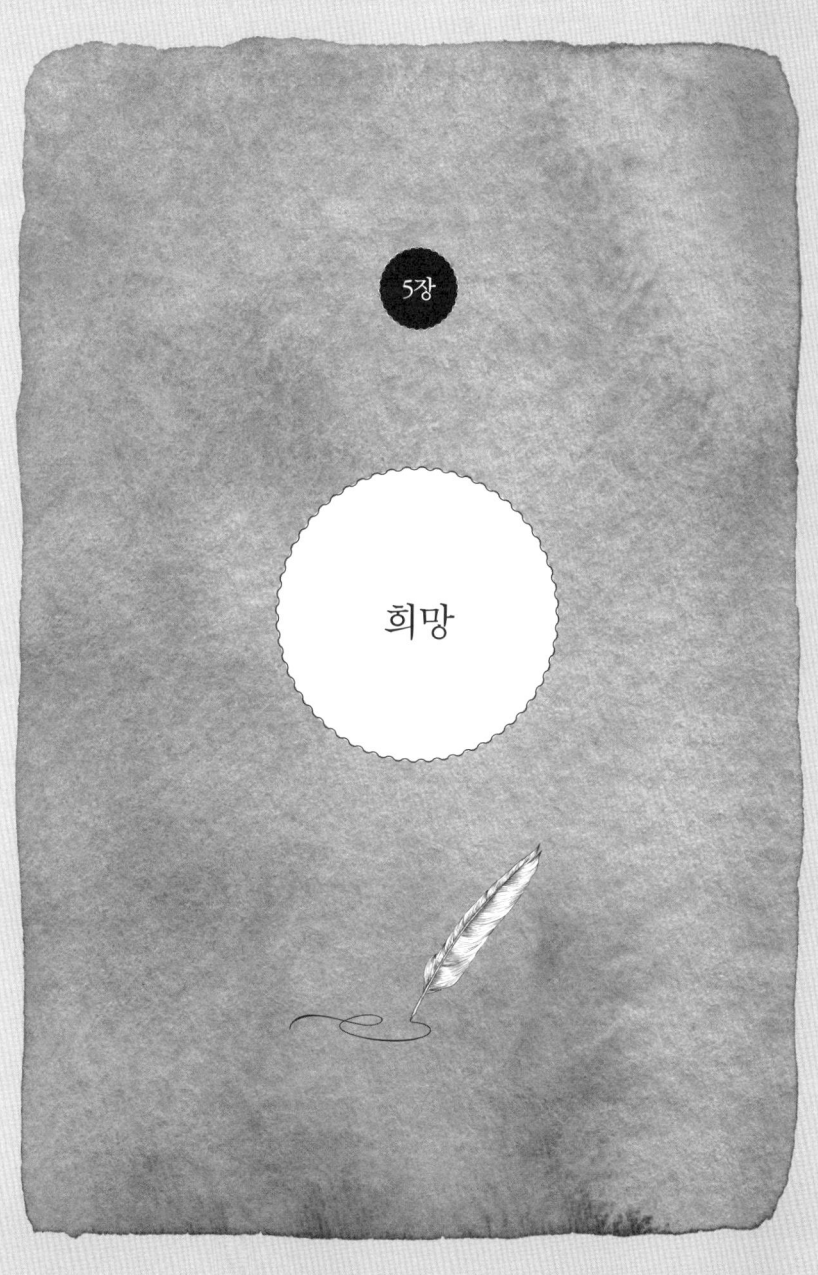

5장

희망

남을 기쁘게 해주는 삶

아침에 눈을 뜨자마자 오늘 한 사람이라도
기쁘게 해 주어야지 하는 생각과 함께
하루를 시작하십시오.

햇빛은 누구에게나 친근감을 줍니다.
웃는 얼굴은 햇빛처럼
누구에게나 친근감을 주고 사랑을 받습니다.

인생을 즐겁게 살아가려면
먼저 찌푸린 얼굴을 거두고
웃는 얼굴을 만들어야 합니다.

명랑한 기분으로 생활하는 것이
육체와 정신을 위한 가장 좋은 건강법입니다.

값비싼 보약보다 명랑한 기분은 언제나
변하지 않는 약효를 지니고 있습니다.

_좋은글

꿈꾸는 삶

꿈은 꾼다는 것,
그 자체만으로 의미 있는 일입니다.

꿈을 꾸는 동안에는
누구나 승리자가 될 수 있으며
누구나 행복에 젖을 수가 있습니다.

하지만 꿈을 포기하는 순간
기쁨과 행복은 일제히 사라집니다.

길을 나서지 않고서는
새로운 길을 찾을 수 없듯이
꿈을 꾸지 않고서는
성공에 도전할 수가 없습니다.

꿈을 키우는 한 허망한 삶은 없습니다.
지금부터라도 꿈을 꾸어 보세요.

_지식in

삶은 새로운 것을 받아들일 때만 발전한다

삶은 신선해야 한다. 결코 아는 자가 되지 말고, 언제까지나 배우는 자가 되어라.
마음의 문을 닫지 말고 항상 열어두도록 하여라.
졸졸 쉴 새 없이 흘러내리는 시냇물은 썩지 않듯이, 날마다 새로운 것을 받아들이는 사람은
언제나 활기에 넘치고, 열정으로 얼굴에 빛이 납니다.
고여 있지 마시길. 멈춰 있지 마시길.

삶은 지루한 것이 아닙니다. 삶은 권태로운 것이 아닙니다.
삶은 신선해야 합니다. 삶은 아름다운 것입니다.
삶은 사랑으로 가득 차 있습니다.

자신이 하는 일에 열중하고 몰두할 때 행복은 자연히 따라옵니다. 결코 아는 자가 되지 말고 언제까지나 배우는 자가 되십시오.
고민은 어떤 일을 시작하였기 때문에 생기기보다는 일을 할까 말까 망설이는 데에서 더 많이 생긴다고 합니다. 망설이기보다는 불완전한 채로 시작하는 것이 한 걸음 앞서는 것이 되기도 합니다.
새로움으로 다시 시작해 보세요. 그리고 어떠한 경우라도 마음의 문을 닫지 말고 항상 열어두도록 하세요. 마음의 밀물과 썰물이 느껴지지 않나요.

_좋은글

같이 있고 싶은 사람

당신이었으면 좋겠습니다.
같이 있고 싶은 사람이 있습니다.
그 사람이 당신이었으면 좋겠습니다.

누군가를 그리워하면서
산다는 것은 불행하지 않습니다.

그리움으로 때론 고독한 시간이지만
언젠가 찾아올 그 사랑을
생각하면서 하루를 살아봅니다.

소슬한 바람에도 당신의 자취가
언제나 나에게 불어옵니다.

같이 있고 싶은 사람
그 사람이 바로, 당신이었으면 좋겠습니다.

_지산 이민홍

좋은 말을 하면 할수록

마음이든, 물건이든 남에게 주어 나를 비우면 그 비운 만큼 반드시 채워집니다.
남에게 좋은 것을 주면 준만큼 더 좋은 것이 나에게 채워집니다.
좋은 말을 하면 할수록 더 좋은 말이 떠오릅니다.
좋은 글을 쓰면 쓸수록 그만큼 더 좋은 글이 나옵니다.
그러나 눈앞의 아쉬움 때문에 그냥 쌓아 두었다가는 상하거나 쓸 시기를 놓쳐 무용지물이 되고 맙니다.
좋은 말이 있어도 쓰지 않으면 그 말은 망각 속으로 사라지고, 더 이상 좋은 말은 떠오르지 않습니다.
나중에 할 말이 없어질까 두려워 말을 아끼고 참으면 점점 벙어리가 됩니다.

우리의 마음은 샘물과 같아서 퍼내면 퍼낸 만큼 고이게 마련입니다. 나쁜 것을 퍼서 남에게 주면 더 나쁜 것이 쌓이고, 좋은 것을 퍼서 남에게 주면 더 좋은 것이 쌓입니다.
참 신기합니다. 그냥 쌓이는 게 아니라 샘솟듯 솟아나서 우리 마음을 가득 채우니 말입니다.
가난이 두렵다고 과도한 재물을 탐하지 말 것이며, 부자의 있음을 비방하여 자신의 무능을 비호하지 말아야 합니다.

차면 넘칠 것이고, 비우면, 가득해집니다.

_좋은글

후회 없는 삶을 살기 바라면서

하루 또 하루를 살면서 우리는 부족함이 많은 인간이기에 바라고 더 갖기를 원하는 욕망의 욕심은 끝이 없는 듯합니다.

어느 하나를 절실히 원하다 소유하게 되면 그 얻은 것에 감사하는 마음은 짧은 여운으로 자리하고, 또 다른 하나를 원하고 더 많이 바라게 되는 것은 아닐는지요.
우리의 욕심은 그렇듯 채워지지 않는 잔인가 봅니다.
갖고 있을 때는 그 가치의 소중함을 모르는걸요.
잃고 나서야 비로소 얼마나 소중했는지를 깨닫게 된답니다.
현명한 사람은 후에 일을 미리 생각하고 느끼어 언제나 감사하는 마음을 잃지 않으려 하고 변함없는 마음 자세로 끊임없이 노력합니다.

아쉽게도 우리는 그것을 이미 알고는 있으나 가슴으로 진정 깨닫지는 못하고 사는 듯싶습니다.
가진 것을 잃은 뒤에 소중함을 깨닫는 것은 이미 늦은 잘못인걸요.
그렇기에 우리네는 같은 아픔과 후회를 반복하며 살아가나 봅니다.
욕심을 버리는 연습을 해야겠습니다.
그렇게 마음을 비우는 연습을 해야겠습니다.
그리고 처음부터 하나하나 다시 내 마음을 만들어 가야겠습니다.
아직 내게 주어진 시간이 살아온 시간보다 더 많이 남았을 때 지금부터라는 마음으로 그렇게 하나하나 만들어 가는 연습을 해야겠습니다.

_좋은글

마음을 돌아보게 하는 글

화는 마른 솔잎처럼 조용히 태우고, 기뻐하는 일은 꽃처럼 향기롭게 하여라.
역성은 여름 선들바람에게 하고, 칭찬은 징처럼 울리게 하라.
노력은 손처럼 끊임없이 움직이고, 반성은 발처럼 가리지 않게 하라.
인내는 질긴 것을 씹듯 하고, 연민은 아이의 눈처럼 밝게 하라.

남을 도와주는 일은 스스로 하고, 도움 받는 일은 힘겹게 구하라.
내가 한 일은 몸에게 감사하고, 내가 받은 것은 가슴에 새기고
미움은 물처럼 흘러 보내고, 은혜는 황금처럼 귀히 간직하라.
시기는 칼과 같이 몸을 해하고, 욕망이 지나치면 몸과 마음 모두 상하리라.

모든 일에 넘침은 모자람만 못하고, 억지로 잘난 척 하는 것은 아니함만 못하다.

사람을 대할 때 늘 진실이라 믿으며, 절대 간사한 웃음을 흘리지 않으리니 후회하고 다시 후회하여도 마음 다짐은 늘 바르게 하리라.

오늘은 또 반성하고, 내일은 희망이어라.

_좋은글

당신이 힘들고 어려우면 하늘을 보세요

당신이 힘들고 어려우면 하늘을 보세요.
이제까지 당신은 몰랐어도 파란 하늘에서 뿌려주는 파란 희망들이 당신의 가슴속에 한 겹 또 한 겹 쌓여서 넉넉히 이길 힘을 만들고 있습니다.

당신이 슬프고 괴로우면 하늘을 보세요.
이제까지 당신은 몰랐어도 수많은 별들이 힘을 모아 은하수를 가지고 당신의 슬픔들을 한 장 또 한 장 씻어서 즐겁게 웃을 날을 만들고 있습니다.

당신이 외롭고 허전하면 하늘을 보세요.
이제까지 당신은 몰랐어도 둥실 흘러가는 구름들이 어깨동무하며, 당신의 친구 되어 힘껏 또 힘껏 손잡고 도우며 사는 날을 만들고 있습니다.

당신이 용기가 필요하면 하늘을 보세요.
이제까지 당신은 몰랐어도 동쪽 하늘에서 떠오르는 새날의 태양이 당신의 길이 되어 환히 더 환히 비추며 소망을 이룰 날을 만들고 있습니다.

_좋은글

당신은 기분 좋은 사람

당신을 만나면 왜 이리 기분이 좋을까요?
당신은 늘 미소를 잃지 않기 때문입니다.
언제 만나도 늘 웃는 얼굴은
부드럽고 정감을 느끼게 하여
보는 이로 하여금 언제나 기분이 좋게 합니다.
당신과 말을 하면 왜 이리 기분이 좋을까요?
당신의 말은 참으로 알아듣기가 쉽습니다.
어설픈 외래어나 어려운 말보다는
우리들이 늘상 쓰는 말 중에서
쉽고 고운 말들로 이야기하기 때문입니다.

당신을 생각하면 왜 이리 기분이 좋을까요?
당신은 언제나 남을 먼저 배려하기 때문입니다.
건널목을 건널 때도 남보다 조금 뒤에서
걸음이 느린 할머니 손을 잡고
함께 걸어오는 모습이 너무 보기 좋습니다.
당신을 아는 것이
당신은 우리에게 소중한 사람이기 때문입니다.
믿고 함께 사는 필요함을 알게 해 주고
서로 돕는 즐거움 가운데 소망을 가지게 하는
당신의 사랑이 가까이 있기 때문입니다.

_좋은글

좋은 것을 품고 살면

사람은 누구나 자기중심에 소중한 무엇인가를 품고 살아가는 것 같습니다.

어떤 이는 슬픈 기억을 품고 살아갑니다.
어떤 이는 서러운 기억을 품고 살아가고 어떤 이는 아픈 상처를 안고 평생을 살아갑니다.
그러나 어떤 이는 아름다운 기억을 품고 살아갑니다.

기쁜 일을 즐겨 떠올리며, 반짝이는 좋은 일들을 되새기며, 감사하면서 살아갑니다.
사람의 행복과 불행은 바로 여기에서 결정되는 것이 아닐까 생각합니다.

누구에게나 똑같이 주어지는 기쁨과 슬픔, 만족과 불만 중 어느 것을 마음에 품느냐에 따라 행복한 사람이 되기도 하고, 불행한 사람이 되기도 한다는 생각입니다

맑고 푸른 하늘을 가슴에 품고 살면 됩니다.
아름다운 꽃 한 송이를 품어도 되고, 누군가의 맑은 눈동자 하나, 미소 짓는 그리운 얼굴 하나, 따뜻한 말 한마디 품고 살면 됩니다.
그러면 흔들리지 않는 당당한 삶을 살 수 있습니다.
좋은 것을 품고 살면 좋은 삶을 살게 될 수밖에 없습니다.

_좋은생각

꾸미지 않아도 아름다운 마음

찬란하게 빛나는 영롱한 빛깔로 수놓아져
아주 특별한 손님이 와야
한 번 꺼내놓는 장식장의 그릇보다
모양새가 그리 곱지 않아 눈에 잘 띄지 않지만
언제든지 맘 편하게 쓸 수 있고
허전한 집안 구석에 들꽃을 한 아름 꺾어
풍성히 꽂아 두면 어울릴 만한
질박한 항아리 같았으면 좋겠습니다.

오해와 이해 사이에서 적당한 중재를 할 수 있더라도
목소리를 드높이지 않고 잠깐 동안의 억울함과 쓰라림을
묵묵히 견뎌내는 인내심을 가지고
진실의 목소리를 낼 수 있었으면 좋겠습니다.

꾸며진 미소와 외모보다는 진실된 마음과 생각으로
자신을 정갈하게 다듬을 줄 아는 지혜를 쌓으며
가진 것이 적어도 나눠주는 기쁨을 맛보며
행복해 할 줄 아는 소박한 마음을 가진 사람이면 좋겠습니다.

_좋은글

날마다 이런 오늘 되세요

좋은 일만으로 기억하며 지낼 수 있는
오늘이었으면 좋겠습니다.
사랑의 향내와 인간미 물씬 풍기는
오늘이었으면 좋겠습니다.
향수를 뿌리지 않았는데도
은은한 향기를 뿜어 낼 수 있는
오늘이었으면 좋겠습니다.

산속 깊은 옹달샘의 깊은 물 같은
오늘이었으면 좋겠습니다.
좋은 사람 만났다고 즐거워할 수 있는
오늘이었으면 좋겠습니다.
"난 역시 행운아야."라고 말하며
어깨에 힘을 더할 수 있는
오늘이었으면 좋겠습니다.
 무엇인가를 생각하면
답답하거나 짜증나지 않고 미소를 머금을 수 있는
오늘이었으면 좋겠습니다.

"참 행복했다, 잘했어."라고 말할 수 있는
오늘이었으면 좋겠습니다.

_좋은글

밝은 미소를 잃지 마세요

밝은 미소는 우리 인간의 삶 안에서
참으로 신비하고
무궁한 힘을 나타내고 있습니다.

삶이 아무리 힘들고 지친다 하더라도
즐거움을 가지고 미소 짓는 사람들 에게는
그 삶은 지칠 줄 모른 체 새로운 용기와 희망으로
삶의 희망이 끊임없이 샘솟아 나게 됩니다.
일상생활에서 힘이 들고 지칠 때
내 모든 것을 이해해주고 감싸 주시던
어머니의 따뜻한 사랑과 사소한 것 까지도
미소 지으며 어루만져 주시던
기억들을 생각해 내고
그것들을 마음에 담아 보십시오.

그리고 내 자신의 삶이 불안해 질 때마다
아버지의 굳은 의지의 삶을 생각하며
온 가족에게 보여 주셨던
믿음직한 웃음을 가슴에 담아 보십시오.
어느새 마음은 새로운 평화를 느끼고
든든함을 얻게 될 것입니다.

_좋은글

오늘을 사랑하라

어제는 이미 과거 속에 묻혀 있고
미래는 아직 오지 않은 날이라네.
우리가 살고 있는 날은 바로 오늘,
우리가 사용할 수 있는 날은 오늘,
우리가 소유할 수 있는 날은 오늘뿐.

오늘을 사랑하라.
오늘에 정성을 쏟아라.
오늘 만나는 사람을 따뜻하게 대하라.
오늘은 영원 속의 오늘,
오늘처럼 중요한 날도 없다.
오늘처럼 소중한 시간도 없다.

오늘을 사랑하라.
어제의 미련을 버려라.
오지도 않은 내일을 걱정하지 말라.
우리의 삶은 오늘의 연속이다.

오늘이 30번 모여 한 달이 되고
오늘이 365번 모여 일 년이 되고
오늘이 3만 번 모여 일생이 된다.

_좋은글

따뜻한 마음

세상에는 가는 곳마다 마음이
따뜻한 사람들이 많아요.
눈길 하나에도,
손길 하나에도,
발길 하나에도,
사랑이 가득하게 담겨 있어요.

이 따뜻함이 어떻게 생길까요.
마음속에서 이루어져요.
행복한 마음,
욕심 없는 마음,
함께 나누고 싶은 마음이에요.

그 마음을 닮고
그 마음을 나누며 살고 싶어요.
그 마음 모두 한마음인데
그 마음속 행복에 젖어
나는 오늘도 미소 짖네.

_좋은글

말의 씨앗

그 사람의 환경은 생각이 됩니다.
그 사람의 생각은 말씨가 됩니다.
침묵이 금이 될 수도 있고
한마디 말이 천 냥 빚을 탕감할 수
있는 것은 말의 위력입니다.

말(言)이 적은 친절이 기억에 오래 가는 것은
마음속 깊이 우러나오기 때문입니다.
비록 많은 말을 하지 않는 행동이
보는 이의 심금을 울려주겠지요.

너그러운 마음씨가 혀를 고쳐준다고 합니다.
적을 많이 가지고 있으면 불평하는 말도
그만큼 늘 것이고
정신건강에 지대한 악영향을 줄 것입니다.

사랑의 말이 사랑을 낳고
미움이 말이 미움을 부릅니다.

내가 한 말은 반드시 어떻게든 돌아옵니다.
그래서 말씨는 곧 말의 씨앗인 것입니다.

_좋은글

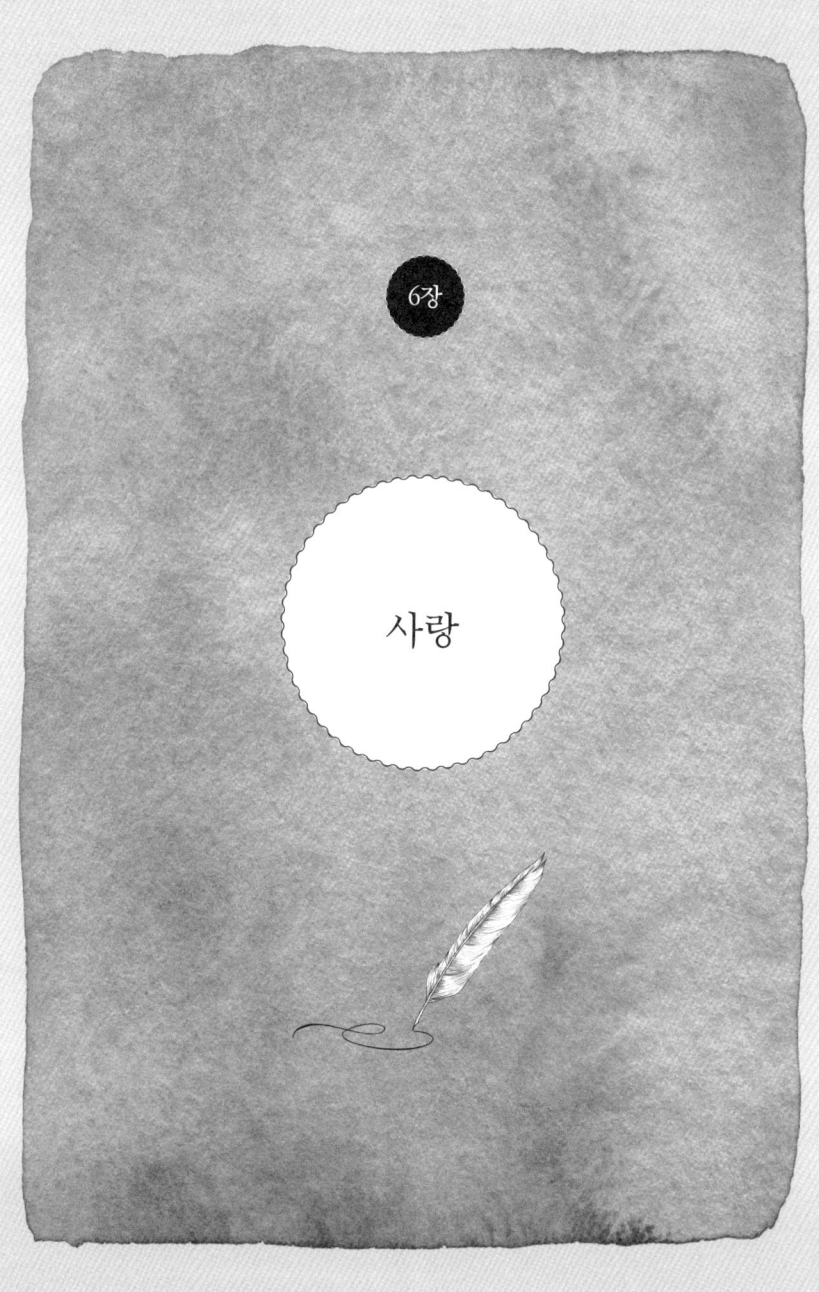

6장

사랑

맑은 물처럼 맑은 마음으로

소중한 것은, 행복이라는 것은,
꽃 한 송이, 물 한 모금에서도 찾을 수 있는데,
우리는 오직 눈으로만
감각을 통해서만 찾으려 하기 때문에
정작 찾지 못합니다.
사랑의 눈으로, 마음의 눈으로
소중한 것을 찾을 줄 알아서
작은 꽃 한 송이에서
상큼한 행복을 들추어내고
물 한 모금에서 감동의 눈물을 찾을 줄 아는
순수한 마음을 간직함으로써 작은 일에도 감동할 줄 알고
사소한 물건에서도 감사를 느끼는
맑은 마음을 단 하루라도 간직하고
살 수 있었으면 좋겠습니다.

그래서 내 마음도 이토록
아름다울 수 있구나 하는
느낌이 1분이라도 내게 머물러서
마음으로 조용히 웃을 수 있는
그런 순수한 미소를
잠시라도 가져보았으면 좋겠습니다.

_지식in

내가 먼저 마음을 열면

우리는 우리 스스로를 가둬 놓고 살고 있습니다.

사랑의 눈으로 마음의 문을 열면 세상은 더욱 넓어 보입니다.
세상은 아름답게 보입니다.

내가 마음의 문을 닫아 버리면 세상은 나를 가두고 세상을 닫아버립니다.

무엇보다 소중한 건 우리가 존재하고 있다는 사실이며, 우리의 몸속에 영혼이 숨 쉬고 있다는 것입니다.

우리는 지금 무슨 일을 하고 있나요?
우리는 지금 누구를 만나고 있나요?

표면적인 조건으로 사람을 만나고, 사람을 평가하는 것이 아니라 내면으로 만나고 마음으로 사귀고, 보이지 않는 부분을 사랑했으면 좋겠습니다.

내가 더 마음의 상처를 입었어도 먼저 용서하고 마음을 열고 다가가는 아름다운 화해의 정신으로 이 세상을 여는 작은 창이 되었으면 좋겠습니다.

_좋은글

우리가 불행한 것은

우리가 불행한 것은
가진 것이 적어서가 아니라
따뜻한 가슴을 잃어가기 때문이다.

따뜻한 가슴을 잃지 않으려면
이웃들과 정을 나누어야 한다.
행복은 이웃과 함께 누려야 하고
불행은 딛고 일어서야 한다.

_법정스님

행여 힘든 날이 오면

　세상의 시인들이 사랑이라는 낱말 하나로 수많은 시를 쓰듯이, 살아가는 동안 행여 힘겨운 날이 오거든 사랑이라는 낱말 하나로 길을 찾아 가십시오. 시인들의 시처럼 길이 환하게 열릴 것입니다.
　사랑은 마음속에 저울 하나를 들여 놓는 것, 두 마음이 그 저울의 수평을 이루는 것입니다.

　한쪽으로 눈금이 기울여질 때, 기울어지는 눈금만큼 마음을 주고받으며, 저울의 수평을 지키는 것입니다.
　세상에는 꽃처럼 고운 날도 있지만 두 사람의 눈빛으로 밝혀야 할 그늘도 참 많습니다.
　사랑한다면 햇빛이든 눈보라든 비바람이든, 폭죽처럼 눈부시겠고 별이 보이지 않는 날 스스로 별이 될 수도 있습니다.

　어느 날 공중에서 떨어지는 빗방울처럼 아득해질 때, 당신이 먼저 그 빗방울이 스며들 수 있는 마른 땅이 된다면, 사랑은 흐르는 물에도 뿌리내리는 나사말처럼 어디서든 길을 낼 것입니다.
　서로 사랑하십시오.
　보물섬 지도보다 더 빛나는 삶의 지도를 가질 것입니다.

　세월이 흐를수록 당신이 있어 세상은 정말 살 만하다고 가끔은 그렇게 말할 수 있는 아름다운 날이 올 것입니다.

　_좋은글

미움을 지우개로 지우며

상대방의 욕심이 당신을 화나게 할 땐
너그러운 웃음으로 되갚아 주세요.

상대방의 거친 말투가 당신을 화나게 할 땐
부드러운 말씨로 되갚아 주세요.
상대방의 오만 불손함이 당신을 화나게 할 땐
예의 바른 공손함으로 되갚아 주세요.

당신을 화나게 한 상대방은
하나 더 미움을 얻고 가련함이 더 해지고
당신은 하나 더 미움을 지우고 사랑이 더해집니다.

미움은 단지 순간의 실수일 뿐
지니고 있어야 할 의미는 없습니다.
용서함으로써 우리들은 성숙 해져 갑니다.
미움은 늘 어딘가에 서성이고 있습니다.
미움에 지배 받지 않기 위해서
우리는 용서가 만든 지우개가 필요 합니다.

용서함으로써 지우개를 만드신 당신,
당신 가슴 속에 채워진 것들 중 만약 미움을 지운다면
그 만큼 당신은 무엇을 채우시렵니까?

_좋은글

사랑도 행복도 습관입니다

사랑도 습관이고 행복도 습관입니다.
아무리 좋은 이벤트를 잡고 만들어 봐도 소용없습니다.
가족다운 가족을 만드는 방법은 바로 습관입니다.

늘 소리만 지르던 가장이
어느 날 갑자기 이벤트 해봐야 아무 소용이 없습니다.
가족들은 그 이벤트에 꿈쩍도 하지 않습니다.

직장에서도 말 한마디라도
늘 따뜻하게 해주는 상사가 좋습니다.

상사가 어느 날 갑자기 술 마시며 직원들한테
내가 자네들 좋아한다고 말해봐야 소용없습니다.

사랑도 습관이고 행복도 습관입니다.

매일처럼 습관처럼,
밥상에 숟가락도 놓아주고,
따뜻한 커피라도 한잔 타주면서
따뜻한 말 한마디에서
행복이 이루어지는 것이다.

_좋은글

사랑은 아주 작은 관심

사랑은 아주 작은 관심입니다.
가령 내가 너의 이름을 부를 때 그 부름에 여기에 있다고 대답하여 주는 일입니다.
사랑은 사소하고 그 작은 일을 통하여 내가 그에게 받아들여지고 있다는 느낌을 주니 말입니다.

그 사소함이 무시되거나 받아들여지는 모습이 보여 지지 않으면 이내 그 사랑은 효력이 없는 것으로 간단히 치부하여 버리는 어리석은 습성이 있습니다.

사랑은 수용되고 있다는 모습이 서로에게 보여져야 합니다.
그 수용의 모습은 받아들임이나, 이해의 모습으로 결국 표출되어집니다.

사랑이 수용되어지지 않는다면 결국 서로에게 상처의 모습으로, 그리고 오해의 모습으로 변질되어 다가옵니다.

그 누군가에게 오해와 상처를 주고 싶지 않으려면 아주 사소한 배려를 소홀히 하는 어리석음은 없어야 할 것입니다.

사랑은 그런 아주 작고도 사소한 것입니다.
이 계절은 그런 사소함을 무시하지 말라고 내게 충고하는 것 같습니다.

_좋은글

욕심 하나 버리면 보이는 사랑

욕심은 또 다른 욕심을 낳습니다.
욕심으로 가득 찬 마음은 불안하고 초초합니다.

순리를 알아야 했습니다.
세상사는 욕심으로 되는 게 아니고 순리가 있음을, 그 순리의 흐름을 배반하고 욕심으로 채워진 마음은 더 큰 욕심만 자꾸 밀려옵니다.
욕심은 또 다른 욕심을 부르고 그 고리는 끝이 없습니다.
내가 불안할 때 알았습니다.
욕심으로 채워져 버린 마음이 내 안에 있음을,

그대 사랑 찾아가는 길에 편안한 마음으로 욕심부터 내려놓아야겠습니다.

다시 시작하고 싶은 첫마음으로, 다시 향해가는 처음 같은 기분으로, 그대를 사랑하는 마음은 욕심부터 내려놓으려 합니다.
그러지 못한다면 그대를 사랑할 수 없기 때문입니다.

그대에게 가는 길은 해맑고 깨끗한 순백 같은 마음이어야 합니다.
다 내려 놓으려합니다.

내게 더 소중한 사랑하는 사람들이 있기에 그들로 인해서 난 이미 다 채워져 가는 풍요로운 삶입니다.

_좋은글

사랑보다 더 아름다운 사랑

세상에 가장 아름다운 것이 뭘까요.
아마 사랑보다 더 아름다운 건 그대 투명한 마음입니다.

흐릿한 잿빛 상념 파편을 잘게 깨고, 내안에서 영롱한 순백의 빛 새하얀 소망을 맑게 뿌리기에 눈꽃보다 그대 마음이 더 깨끗합니다.

사랑보다 더 아름다운 건 그대 밝은 눈망울입니다.

암울한 슬픔이 내일을 휘감아도, 별빛을 담은 두 눈망울이 내딛는 발걸음 희망의 첫 이정표이기에 샛별보다 그대 눈빛이 더 찬란합니다.

사랑보다 더 아름다운 건 그대 붉은 가슴입니다.
기다림에 지쳐 시린 이슬비를 뿌려도 따스한 불꽃 언어로 빚은 그대의 선홍빛 고백이 있기에 모세혈관을 희열로 타고 도는 내 유일한 그리움인 까닭입니다.

사랑합니다.
이유가 없답니다.
그냥 사랑합니다.

_좋은글

그것이 우리의 아름다움입니다

기대한 만큼 채워지지 않는다고 초조해하지 마십시오.
믿음과 희망을 갖고 최선을 다한 거기까지가 우리의 한계이고, 그것이 우리의 아름다움입니다. 누군가를 사랑하면서 더 사랑하지 못한다고 애태우지 마십시오.
마음을 다해 사랑한 거기까지가 우리의 한계이고, 그것이 우리의 아름다움입니다.
지금 슬픔에 젖어 있다면 더 많은 눈물을 흘리지 못한다고 자신을 탓하지 마십시오.
우리가 흘린 눈물, 거기까지가 우리의 한계이고, 그것이 우리의 아름다움입니다.
누군가를 완전히 용서하지 못한다고 부끄러워 마십시오. 아파하면서 용서를 생각한 거기까지가 우리의 한계이고, 그것이 우리의 아름다움입니다.
모든 욕심을 버리지 못한다고 괴로워 마십시오. 날마다 마음을 비우면서 괴로워한 거기까지가 우리의 한계이고, 그것이 우리의 아름다움입니다.
빨리 달리지 못한다고 내 발걸음을 아쉬워하지 마십시오. 내 모습 그대로 최선을 다해 걷는 거기까지가 우리의 한계이고, 그것이 우리의 아름다움입니다.

세상의 모든 꽃과 잎은 더 아름답게 피지 못한다고 안달하지 않습니다. 자기 이름으로 피어난 거기까지가 꽃과 잎의 한계이고, 그것이 최상의 아름다움입니다.

_좋은글

어머니의 손

어머니 그 두 손에
바람이 불어와 두 손을 가를 때
어머님의 맺힌 그 한이
가슴속에 사무칩니다.

살아오신 그 땅에,
물기 마른 그 자리에,
가뭄 들고 무서리 지는
시린 그 바람을 어머님 이십니다.
어머니 그 얼굴에
설움이 몰려와 주름살 깊을 때
어머님의 작은 그 두 눈에
맑은 이슬 흐르십니다.

흰 눈 쌓인 이 땅에, 얼어붙은 그 자리에
봄이 오고 웃음 꽃 피는
다순 그 손길을 우리는 알겠습니다.
열 자식을 거느려도
한 부모를 못 모신다는 말,
원래는 독일 속담이라고 합니다.

_지산 이민홍

사랑이 무엇이기에

사랑이 무엇이기에 촛불 되어
그대 위하여 밝히고 싶을까.

사랑이 뭐기에
강물 위 다리 되고 싶은 마음 간절할까.

사랑이 뭐기에
행복과 환희의 꽃 피웠다가
밤이면 그대 향한 그리움과 보고픔으로
잠 못 이루고 눈물의 꽃 피울까.

신비스런 마술 같은 사랑에
풍덩 빠져버렸나
눈을 뜨나 감으나
내 그림자 찾을 길 없고
그대 생각으로 가득하네.

_좋은글

미워하지 말고 잊어버려라

흐르는 물에 떠내려가는 사람의 마음은 조급합니다.
그러나 언덕에 서서 흐르는 물을 바라보는 사람의 마음은 여유롭고 평화롭습니다.

내게 미움이 다가 왔을 때, 미움 안으로 몸을 담그지 마십시오.
내게 걱정이 다가왔을 때, 긴 한숨에 스스로를 무너뜨리지 마십시오.

미움과 걱정은 실체가 있는 것이 아닙니다.
그냥 지나가 버리는 것일 뿐입니다.

다만 그것이 지나가기를 기다리는 인내의 마음이 필요할 뿐입니다.
가만히 눈을 감고 마음속에 빛을 떠올려 보십시오.

미움과 걱정의 어둠이 서서히 걷히는 것을 느낄 수가 있을 것입니다.
언덕에 서기 위해서는 지혜가 필요합니다.

미움은 미움으로 갚을 수 없고, 걱정은 걱정으로 지울 수 없다는 것을 알 때, 우리는 언덕에 서서 미움과 걱정을 향해 손 흔들 수 있을 것입니다

_좋은글

용서는 사랑의 완성입니다

용서 한다는 것은 무척 어려운 일입니다.

그러나 세상에서 가장 훌륭한 사랑은 용서하는 것이라 합니다.
나를 해롭게 하는 사람을 용서하는 것만큼 참된 사랑은 없다고 합니다.

그리고 용서는 사랑의 완성이라고 생각합니다.
사람들은 상대방으로부터 상처를 받았을 때 어떻게 보복할 것인가를 생각합니다.

하지만 보복은 보복을 낳는 법입니다.
확실히 상대방을 보복하는 방법은 그를 용서하는 겁니다.

한 사람을 완전히 이해한다는 것은 쉬운 일이 아닙니다.
그 사람을 완전히 이해하기 위해서는 그의 처지가 되어 살아 보아야 하고, 그 사람의 마음 속 아니 꿈속에까지 들어 가봐야 할겁니다.

우리는 늘 누군가에게 상처를 주고, 누군가로부터 상처를 받으며 살아갑니다.
설령 상처를 받았다 할지라도 상대방의 실수를 용서해주세요.

나도 남에게 상처를 줄 수 있으니까요.

_좋은글

공지

이 책에 수록된 모든 글의 저작권은 해당 글의 저자분에게 있음을 표기합니다.
또한 이 책에 수록된 글들 중에서 제목이나 저자명이 실제 제목이나 저자명과 다른 경우도 있을 수 있습니다. 이는 해당 저자분을 찾아 여러 가지로 노력했으나 찾을 수 없는 경우는 부득이 여러 매체에 노출된 대로 기재했음을 명시합니다.
또한 각각의 글에 대한 저자분들의 게재 허락을 득해야 했음에도 불구하고 연락이 되지 않아 부득이 저자분의 허락을 득하지 못하고 수록된 부분들도 있습니다.
이런 글에 해당되는 분은 아래 메일이나 도서출판 북씽크 편집팀으로 연락을 주시면 해당 글의 저자로 입증됨과 동시에 소정의 원고료를 지불하도록 하겠습니다.
다시 한 번 말씀드립니다. 이 책에 수록된 모든 글의 출처와 저자명을 명확히 해야 됨이 옳으나 출처와 저자명이 불분명한 부분은 부득이 최초 게재된 매체의 출처와 저자명을 따라 수록하였음을 밝혀 둡니다.

메일: bookthink2@naver.com

좋은글 필사노트

초판 1쇄 발행 | 2024년 9월 30일
엮은이 | 강민구
펴낸곳 | 북씽크
펴낸이 | 강나루
주　소 | 서울시 서초구 명달로24길 46, 3층 302호
전　화 | 070 7808 5465
등록번호 | 제 206-86-53244
ISBN 979-11-94077-52-7 13200
copyright ⓒ 2024 강민구
잘못 만들어진 책은 구입처에서 교환해 드립니다.